# Corona-Crash und Corona-Rally

## Dokumentation und Analyse

## Zusammenhänge

## Mit über 60 Tabellen

## Klaus Normal

## 1. Auflage 2021

# Für eine erste Orientierung finden Sie hier einen groben Leitfaden für dieses Buch.

Die bedeutendsten Aktiencrashs vor dem Corona-Crash

Der Corona-Crash

Hatte der Corona-Crash historische Dimensionen?

Die Corona-Rally

Kursverluste nach Zwischenerholungen bei früheren Börsencrashs

US-Dollar und Goldpreis im Corona-Crash und während der Corona-Rally

Für Stockpicker – Kursentwicklungen einzelner Aktien während der Corona-Rally

Aktien mit einem Kursanstieg von über 100 Prozent in der Corona-Rally

Die Aktienkurse der Impfstoffhersteller in der Corona-Rally

Trends nach der Corona-Rally

**Das Impressum ist bei den Haftungsausschlüssen.**

# Inhaltsverzeichnis

# Vorwort

Die in diesem Buch erwähnten Crashs sind so gewaltig, dass ich bei der Angabe von Aktien- und Börsenkursen die Zahlen hinter dem Komma so weit wie möglich weggelassen habe. Die Vorteile von ETFs werden in meinem Buch „Aktienspekulationen" erklärt.

Die Börsen haben entschieden. Der Corona-Crash ist beendet. MDAX, Dow Jones, S&P 500, Nasdaq 100, Nikkei 225 haben neue Allzeithochs erreicht. Selbst der lahme DAX hatte noch Ende des Jahres 2020 ein neues Allzeithoch geschafft.

Natürlich kann es immer wieder Rückschläge geben, aber was soll denn der nächste Rückschlag noch direkt mit dem Corona Cash zu tun haben? In den wirtschaftlich bedeutendsten Ländern haben die Impfungen gegen den Coronavirus schon längst begonnen.

Nach dem Aktiencrash ist vor dem Aktiencrash. Hoffentlich ist der Grund für den nächsten Aktiencrash kein Virus. So dass es dann keine Toten, sondern nur (temporäre) Vermögensverluste geben wird. Garantieren kann ich, dass der nächste Aktiencrash bestimmt kommt. Nicht garantieren kann ich, dass er nicht durch einen Virus verursacht wird. Pandemien gibt es schon seit Beginn der Menschheit. Auch wenn die Corona-Pandemie als kaum zu überbieten erscheint, war diese noch eine der harmloseren Pandemien in der Geschichte der Menschheit. Wahrscheinlich war das ein Grund, warum DAX, MDAX, Dow Jones, S&P 500, Nasdaq 100, Nikkei 225 so schnell neue Allzeithochs erreicht hatten. Die Wirtschafft lief ja weiter, irgendwie.

Mein Buch „Der Corona Crash" wurde Mitte April 2020 veröffentlicht. Damals war die Corona-Rally schon gestartet. Es war für diejenigen gedacht, die auf den Corona-Crash an den weltweit wichtigsten Börsen schnell reagieren wollten. Hoffentlich hat es möglichst vielen genutzt. Dieses Buch geht auf den Corona-Crash nicht so detailliert ein, wie das „Der Corona Crash". Daher gibt e in diesem Buch nur wenige Überschneidungen zu dem Buch „Der Corona Crash". Der Corona-Crash war eine Voraussetzung für die Corona-Rally.

Natürlich gibt es in diesem Buch auch ein Kapitel „Trends nach der Corona-Rally". Denn die Aktienbörsen pulsieren nach dem Übertreffen der Allzeithochs aus dem Februar 2020 weiter. Zudem ist interessant zu sehen, ob es in den ersten Monaten des Jahres 2021 einen Favoritenwechsel gab. Von vielen Experten wurde unter Verwendung des Stichwortes „Rotation" behauptet, dass nun zyklische Industrieaktien nun die neuen Favoriten sind. Tech- und Wachstumsaktien hätten ausgedient.

## Die bedeutendsten Aktiencrashs vor dem Corona-Crash

Weil Aktiencrashs immer wieder vorkommen, hier ein Blick auf die Aktiencrashs der jüngeren Börsengeschichte.

Waren Buffet, soll einmal gesagt haben, dass man keine Aktien kaufen sollte, wenn man nicht psychisch einen Kursrückgang von 50 % ertragen kann. Selbst wenn Sie diese Empfehlung mental umsetzen können, müssen Sie manchmal noch größere Kursverluste aushalten können. Wie Sie gleich sehen werden, gab es Aktiencrashs, bei denen der DAX um mehr als 50 % abstürzte. Die maximale Fallhöhe des DAX kann also mehr als 50 % betragen. Das war aber beim Corona-Crash nicht der Fall.

Die Vergleiche von Höchstkurs und Tiefstkurs sind natürlich insofern eine Milchmädchenrechnung, da es kaum Aktienanleger gab, die zum Höchstkurs gekauft hatten und zum Tiefstkurs verkauft hatten. Aber es ist dennoch die bestmögliche Messung für einen Vergleich der Aktiencrashs.

Wenn man will, kann man die Dauer der Kurserholung des DAX als Indikator verwenden, inwieweit die Aktienkurse vor dem jeweiligen Aktiencrash überbewertet waren.

Es wird hier im Folgenden der Versuch unternommen, den Corona-Crash mit anderen Aktiencrashs zu vergleichen.

Da es sich um ein deutschsprachiges Buch handelt, werden die bedeutendsten Aktiencrashs bezogen auf den DAX dargestellt. Dabei werden der Höchstkurs des DAX vor dem Aktiencrash, der Tiefpunkt des DAX im Aktiencrash und der neue Höchstkurs nach dem Aktiencrash miteinander verglichen. In allen Fällen handelt es sich um Tagesendkurse.

Anschließend werden folgende Werte berechnet:

- Der maximale Verlust des DAX in %

- Die Zeitdauer bis zum Tiefpunkt des DAX

- Wie lange der DAX gebraucht hatte, bis er den Höchstkurs vor dem Aktiencrash übertroffen hatte.

Von der voraussichtlichen Zunahme der Wirtschaftstätigkeit von börsennotierten Unternehmen hing die Erholung der Aktienkurse und der Börsenindices ab. Da an den Börsen immer die Zukunft gehandelt wird, reicht erstmal die voraussichtliche Zunahme der Wirtschaftstätigkeit.

## Die große Ölkrise 1973/1974

Höchstkurs ist der höchste Kurs vor dem Aktiencrash.

| DAX | Tagesschlusskurs | Tag |
|---|---|---|
| Höchstkurs | 596 | 09.08.1972 |
| Tiefstkurs | 372 | 06.11.1974 |
| neuer Höchstkurs | 597 | 26.09.1978 |

*Tabelle 1 Die große Ölkrise 1973/1974*

Die Ölkrise begann im Oktober 1973, als die OPEC ein Ölembargo verkündete. Das Ölembargo wurde im März 1974 beendet.

372 sind 62,41 % von 596 Punkten. So gerechnet ist das ein Kursverlust von 37,5 %! Das in einem Zeitraum von circa 2 Jahren und 3 Monaten.

Einen ETF auf den DAX gab es damals noch nicht. Dennoch kann man darauf hinweisen, dass es circa 6 Jahre und 1 Monat gedauert hatte, bis der alte Höchstkurs vom 9.8.1972 leicht übertroffen wurde.

1986 wurde übrigens in Deutschland der der erste ETF von der Commerzbank CB German Index Fund Company ausgegeben.

## Die kleine Ölkrise 1979/1980

Auf die kleine Ölkrise 1979/1980 gehe ich hier nicht näher ein. Da der maximale Kursverlust des DAX damals bei 22,46 % lag. Das ist mir für einen Vergleich mit dem Corona-Crash zu wenig.

## Der Golfkrieg 1990

Am 2. August 1990 begann mit der Eroberung Kuwaits durch den Irak der Golfkrieg 1990. Am 28. Februar 1991 erkannte der Irak die UN-Resolutionen an, Daraufhin verkündete der amerikanische Präsident George Bush eine Waffenruhe. Das offizielle Ende des Golfkrieges war am 12. April 1991, da an diesem Tag der Waffenstillstand zwischen dem Irak und den Koalitionsstreitkräften in Kraft trat.

| DAX | Tagesschlusskurs | Tag |
|---|---|---|
| Höchstkurs | 1.966 | 18.07.1990 |
| Tiefstkurs | 1.322 | 16.01.1991 |
| neuer Höchstkurs | 1.671 | 24.05.1991 |

*Tabelle 2 Der Golfkrieg 1990*

1322 Punkte sind 67,24 % von 1966 Punkten. So gerechnet ist das ein Kursverlust von 32,76 %! Das in einem Zeitraum von etwa 6 Monaten.

Wie Sie sehen, wurde der Höchstkurs vom 18. Juli 1990 schon rund 10 Monate später leicht übertroffen.

## Die Asienkrise 1997

Die Asienkrise 1997 führte in der Spitze beim DAX nur zu einem Verlust von circa 19 %. Weil der DAX von 4445 (am 31.7.1997) auf 3614 Punkte (am 28.10.1997) fiel.

## Die LTCM-Krise 1998

Ein Hedgefonds mit dem Namen Long-Term Capital Management (LTCM) mit einem Eigenkapital von nur 2,2 Milliarden USD hatte sich mit einem Volumen von 1,25 Billionen USD verspekuliert. Auch ausgelöst durch die Russlandkrise. Russland gab am 17. August 1998 den Rubelkurs frei. Der Rubel wertete bis zu 60 % ab. Am 19. August 1998 erklärte Russland dann seine Zahlungsunfähigkeit.

Da dadurch das ganze Weltfinanzsystem bedroht war, gab es am 23. September 1998 ein Treffen mit Vertretern von 14 Großbanken. Diese kauften dann 90 % der LTCM-Anteile für 3,6 Milliarden USD. Schließlich gelang es Ende 1999, diesen Hedgefonds ohne Verluste für seine Kreditgeber aufzulösen.

| DAX | Tagesschlusskurs | Tag |
|---|---|---|
| Höchstkurs | 6.143 | 22.07.1998 |
| Tiefstkurs | 3.918 | 02.10.1998 |
| neuer Höchstkurs | 6.158 | 07.12.1999 |

*Tabelle 3 Die LTCM-Krise 1998*

3918 Punkte sind 63,78 % von 6143 Punkten. So gerechnet ist das ein Kursverlust von 36,22 %! Das in einem Zeitraum von nur circa 2,5 Monaten.

Wie Sie sehen, wurde der Höchstkurs vom 22. Juli 1998 nach etwas weniger als 1,5 Jahren leicht übertroffen.

## Die Dotcom-Blase 2000 und der zweite Irakkrieg

Höchstkurs ist der höchste Kurs vor dem Aktiencrash.

| DAX | Tagesschlusskurs | Tag |
|---|---|---|
| Höchstkurs | 8.064 | 07.03.2000 |
| Tiefstkurs | 2.202 | 12.03.2003 |
| neuer Höchstkurs | 8.075 | 04.07.2007 |

*Tabelle 4 Die Dotcom-Blase und der zweite Irakkrieg*

Der zweite Irakkrieg, auch dritter Golfkrieg genannt, begann am 20. März 2003 und endete am 1. Mai 2003.

Wie Sie sehen, wurde der Tiefpunkt beim DAX während des zweiten Irakkrieges erreicht.

2002 Punkte sind 27,3 % von 8064 Punkten. So gerechnet ist das ein Kursverlust von 72,7 %! Das in einem Zeitraum von ziemlich genau 3 Jahren.

Natürlich ist es sehr unwahrscheinlich, dass jemand genau am 7. März 2003 einen ETF auf den DAX gekauft hatte und diesen ETF genau am 12.3.2003 verkauft hatte. Dennoch ist die Höhe des Kursverlustes fast schon unvorstellbar.

Die wenigen, die genau am 7. März 2003 einen ETF auf den DAX gekauft hatten, mussten dann ungefähr 7 Jahre und 1 Monat warten, bis der DAX das erste Mal über 8064 Punkten lag.

Aus Vereinfachungsgründen nenne ich fortan diesen Aktiencrash „Dotcom-Blase" und lasse die Erwähnung des zweiten Irakkriegs weg.

## Die SARS Pandemie 2003/2004

SARS wanderte im Februar 2003 aus China aus. Im Mai 2004 erklärte die Weltgesundheitsorganisation die SARS Pandemie für beendet.

Als ich gelesen hatte, dass der DAX wegen SARS von November 2002 und März 2003 33 % verloren hatte, hielt ich es für sehr wahrscheinlich, dass der DAX wegen des Coronavirus zeitweise mehr als 33 % verliert.

Schließlich gab es bei der SARS Pandemie „nur" rund 8.100 Infizierte weltweit. Da muss es beim Corona-Crash noch tiefer runtergehen. Schließlich gab es zum Zeitpunkt dieser Aussage durch Covid-19 schon mehr als 10 Mal so viel Infizierte.

Ich sollte recht behalten, denn der DAX verlor bisher in der Spitze 38 % beim Corona-Crash.

Doch hatte ich zu diesem Zeitpunkt nicht im Kopf, dass zeitgleich zur SARS Pandemie die Dotcom-Blase geplatzt war und der zweite Irakkrieg stattfand.

Ein schönes Beispiel für eine zutreffende Prognose auf der Basis eines schlecht ermittelten Sachverhaltes.

## Die Finanzkrise 2008/2009

Höchstkurs ist der höchste Kurs vor dem Aktiencrash.

| DAX | Tagesschlusskurs | Tag |
|---|---|---|
| Höchstkurs | 8.067 | 28.12.2007 |
| Tiefstkurs | 3.666 | 06.03.2009 |
| neuer Höchstkurs | 8.122 | 06.05.2013 |

*Tabelle 5 Die Finanzkrise 2008/2009*

3666 Punkte sind 45,4 % von 8067 Punkten. So gerechnet ist das ein Kursverlust von 54,6 %! Das in einem Zeitraum von etwa 2 Jahren und 2 Monaten.

Natürlich ist es sehr unwahrscheinlich, dass jemand genau am 28. Dezember 2007 einen ETF auf den DAX gekauft hatte und diesen ETF genau am 6.3.2009 verkauft hatte. Dennoch ist die Höhe des Kursverlustes gewaltig.

Die wenigen, die genau am 28. Dezember 2007 einen ETF auf den DAX gekauft hatten, mussten dann ungefähr 5 Jahre und 5 Monate warten, bis der DAX das erste Mal über 8067 Punkten lag.

# Der Corona-Crash

Man hätte auch beim Corona-Crash untersuchen können, wie lange der DAX vor dem Corona-Crash gestiegen war, ohne dass die Gewinne der DAX-Unternehmen im gleichen Umfang gestiegen sind. Gegen den Wert dieser Untersuchung spricht, dass durch Aktienrückkäufe die Aktienkurse steigen können, ohne dass sich etwas an der Gewinnsituation des Unternehmens etwas geändert hätte. Zudem war der Kauf von Aktien vor dem Corona-Crash wegen der Niedrigzinspolitik der EZB so alternativlos, dass die Gewinnsituation der Unternehmen leider an Bedeutung verloren hatte.

## War beim Corona-Crash eine Spekulationsblase geplatzt?

Eine Spekulationsblase erkennt man erst, wenn die Spekulationsblase platzt. Dies geschieht aber nur, wenn viele Experten und gewichtige Aktienspekulanten meinen, dass eine Spekulationsblase existiert. Es geht dabei also nicht in erster Linie um Fakten, sondern um Einschätzungen.

Für den Corona-Crash gab es einen bestimmten Grund, die Verbreitung des Coronavirus. Da es einen bestimmten Grund für den Corona-Crash gab, kann eine Spekulationsblase nicht für den Corona-Crash gewesen sein.

Wenn DAX, MDAX, Dow Jones, S&P 500, Nasdaq 100, Nikkei 225 so schnell neue Allzeithochs erreichen, kann es vor dem Corona-Crash-keine Spekulationsblase gegeben haben.

Dann müssten eher die Allzeithochs aus dem Dezember 2020 und der eventuell nachfolgenden Monate eine Spekulationsblase gebildet haben. Aber eine Spekulationsblase liegt erst vor, wenn diese geplatzt ist. Solange diese Allzeithochs nicht in sich zusammenfallen, gibt es keine Spekulationsblase.

Abgesehen vom lahmen DAX, sind die Allzeithochs der Börsenindices so hoch, dass sie einiges an Kursrückgängen verkraften können, um dann immer noch über dem Niveau vor dem Corona-Crash zu sein (siehe unten).

## Eine Welle von schlechten Nachrichten rollte auf die Aktienanleger zu

Auch die Bundesbank wies darauf hin, dass sich erst im zweiten Jahresviertel die wirtschaftlichen Einschränkungen erheblich stärker niederschlagen werden. Denn die Corona-Pandemie begann in vielen Ländern erst so richtig im März 2021. Da war das erste Quartal zu über 2 Dritteln schon beendet.

Die Tageswelle von schlechten Nachrichten schob die vielen Tagen ein Stück nach unten.

- Unternehmen korrigieren ihre Prognosen oder geben erst gar keine mehr ab.

- So viele Gewinn und Umsatzwarnungen der Unternehmen wie noch nie zuvor.

- Analysten kappten die Gewinnerwartungen für Unternehmen, für 27 der 30 DAX-Unternehmen im ersten Quartal 2020.

- Reduzierungen von Kurszielen für Aktien.

- Herabstufungen von Aktien.

- Herabstufungen der Kreditwürdigkeit von Unternehmen durch Ratingagenturen.

Hinzu kam noch die tägliche Berieselung mit anderen schlechten Nachrichten aus der Wirtschaft.

Von der Deutschen Telekom, EON und RWE gab es keine Gewinnwarnungen. Am Tag der Veröffentlichung einer Gewinnwarnung sanken die Aktienkurse der warnenden Unternehmen im Schnitt um 3 %. Das ist nicht viel. Im Jahr 2019 führten Gewinnwarnungen im Durchschnitt zu einem Kursverlust von 7 %.

Allerdings waren in 2020 so gut wie alle Aktienkurse vor den Gewinnwarnungen bereits in die Knie gegangen. Zudem war im Jahr 2020 alleine schon wegen der Flut von schlechten Nachrichten eher mit Gewinnwarnungen als im Jahr 2019 gerechnet worden. Der Überraschungseffekt war also im Jahr 2020 deutlich geringer als im Jahr 2019.

Mit schlechten Nachrichten können Anleger eher umgehen als mit Unsicherheit. Es war unklar, wie hoch die Dunkelziffer der Infizierten ist, wann es ein Antikörperserum gibt, wann ein Impfstoff verfügbar ist. Das lässt sich weder mit Charttechnik noch mit Fundamentalanalyse erfassen. Daher spielten beide keine Rolle beim Corona Crash.

## Die maximalen Kursverluste der wichtigsten Börsenindices im Corona-Crash

| Tagesendstand | Dax | MDAX | Dow Jones | S&P 500 | Nasdaq 100 | Nikkei 225 |
|---|---|---|---|---|---|---|
| 19.02.2020 | 13.789 | 29.355 | 29.348 | 3.386 | 9.719 | 23.401 |
| 18.03.2020 | 8.441 | 17.909 | 19.898 | 2.398 | 7.175 | 17.626 |
| Summe Verlust in % | **-38,78** | **-38,99** | **-32,20** | **-29,18** | **-26,18** | **-24,68** |

*Tabelle 6 Summe Verluste bei den wichtigsten Börsenindices bezogen auf den 18.3.2020*

*Der Nikkei 225 hatte seinen Tiefpunkt mit 16652 Punkten am 19. März 2020.

DAX und MDAX hatten Ihre Tiefpunkte am 18. März 2020.

8441 Punkte sind 61,22 % von 13789 Punkten. So gerechnet ist das ein Kursverlust von 38,78 %! Das nur in einem Zeitraum von etwa einem Monat!

18.591 Punkte am 23. März 2020 waren der Tiefstand beim Dow Jones. Ebenfalls am 23. März 2020 hatte der S&P 500 seinen Tiefpunkt mit 2.237 Punkten.

Der Nasdaq 100 hatte seinen Tiefpunkt mit 6.994 Punkten erst am 20. März 2020.

Bildet man den Tiefpunkt je Börsenindex an den verschiedenen Tagen in einer Tabelle ab, kann das so aussehen.

| | Dax | MDAX | Dow Jones | S&P 500 | Nasdaq 100 | Nikkei 225 |
|---|---|---|---|---|---|---|
| 19.02.2020 Tagesend-stand | 13.789 | 29.355 | 29.348 | 3.386 | 9.719 | 23.401 |
| verschiedene Tage Tiefpunkt | 8.441 | 17.909 | 18.591 | 2.237 | 6.994 | 16.552 |
| Summe Verlust in % | **-38,78** | **-38,99** | **-36,65** | **-33,93** | **-28,04** | **-29,27** |

*Tabelle 7 Summe maximale Verluste in % bei den wichtigsten Börsenindices im Corona Crash*

Wie Sie sehen, gleichen sich maximalen Verluste in % etwas an, wenn man die jeweiligen Tiefpunkte pro Börsenindex berücksichtigt.

## Die Geschwindigkeit mit der die Börsenindices im Corona-Crash nach unten rutschten

Die anderen Börsenindices waren übrigens ähnlich schnell wie der DAX abgestürzt.

In der folgenden Tabelle ist zu sehen, mit welcher Stetigkeit, die einzelnen Börsenindices bis zum 18. März nach unten rutschten. Nur an wenigen Tagen gab es Tagesgewinne. Tagesbewegungen von mehr als 9 % sind in Fettschrift.

| Tag | DAX | MDAX | Dow Jones | S&P 500 | Nasdaq 100 | Nikkei 225 |
|---|---|---|---|---|---|---|
| 20.02.2020 | -0,91 | -0,61 | -0,44 | -0,38 | -0,94 | 0,34 |
| 21.02.2020 | -0,62 | -0,66 | -0,78 | -1,05 | -1,88 | -0,39 |
| 24.02.2020 | -4,01 | -3,79 | -3,56 | -3,35 | -3,89 | 0 |
| 25.02.2020 | -1,88 | -2,04 | -3,15 | -3,03 | -2,7 | -3,34 |
| 26.02.2020 | -0,12 | -0,69 | -0,46 | -0,38 | 0,44 | -0,79 |
| 27.02.2020 | -3,19 | -3,43 | -4,42 | -4,42 | -4,93 | -2,13 |
| 28.02.2020 | -3,86 | -3,17 | -1,39 | -0,82 | 0,01 | -3,67 |
| 02.03.2020 | -0,27 | -0,07 | 5,09 | 4,6 | 4,92 | 0,95 |
| 03.03.2020 | 1,08 | 2,17 | -2,94 | -2,81 | -3,19 | -1,22 |
| 04.03.2020 | 1,19 | 0,75 | 4,53 | 4,22 | 4,13 | 0,08 |
| 05.03.2020 | -1,51 | -1,58 | -3,58 | -3,39 | -3,1 | 1,09 |
| 06.03.2020 | -3,37 | -3,62 | -0,98 | -1,71 | -1,63 | -2,72 |
| 09.03.2020 | -7,94 | -6,7 | -7,79 | -7,6 | -6,83 | -5,07 |
| 10.03.2020 | -1,41 | -0,82 | 4,89 | 4,94 | 5,34 | 0,85 |
| 11.03.2020 | -0,35 | -1,15 | -5,86 | -4,89 | -4,37 | -2,27 |
| 12.03.2020 | **-12,24** | **-10,91** | **-9,99** | **-9,51** | **-9,27** | -4,41 |
| 13.03.2020 | 0,77 | 0,44 | 9,39 | 9,29 | 10,07 | -6,08 |
| 16.03.2020 | -5,31 | -5,07 | **-12,93** | **-11,98** | **-12,32** | -2,46 |
| 17.03.2020 | 2,25 | -1,43 | 5,2 | 6 | 6,46 | 0,06 |
| 18.03.2020 | -5,56 | -5,51 | -6,3 | -5,17 | -4,7 | -1,67 |

*Tabelle 8 Die Entwicklung der Börsen in % bis zum 18. März 2020 im Corona Crash*

Bei keinem der o. g. Aktiencrashs fielen die Börsenkurse so schnell. Diese hohe Fallgeschwindigkeit hat sicher etwas mit der exponentiell zunehmenden Anzahl der Infizierten zu tun. Denn relevante Wirtschaftsdaten, die zu diesen

Abstürzen hätten beitragen könnten, lagen in diesem Zeitraum nicht vor. Es gab nur Schätzungen zu Wirtschaftsdaten.

Der Preis für die Rohölsorte Brent war dagegen schon im Januar 2020 um über 20 % eingebrochen. Die Aktienbörsen dagegen zeigten nicht nur Beharrungstendenzen, sondern erklommen im Februar 2020 noch neue Höchststände. Es lässt sich übrigens öfters beobachten, dass der Preis für die Rohölsorte Brent viel schneller reagiert als die Börsenindices.

Selbst in Zeiten des Corona-Crashs gibt es in den deutschsprachigen Medien kaum Information zum Nikkei 225 und zur Lage der Wirtschaft dort. Das ist fast schon ein Grund, keinen ETF auf den Nikkei 225 zu kaufen.

## Waren die Aktien im Corona-Crash preiswert?

Wenn der Gewinn eines Unternehmens noch schneller fällt als sein Aktienkurs, ist der Preis für diese Aktie trotz des Kursverfalls nicht günstig.

Insbesondere bei einem Aktiencrash, der mit einer Rezession verbunden ist, kann man nicht davon ausgehen, dass dann alle Unternehmen einen Gewinn oder einen gleichbleibenden Gewinn erzielen.

Fällt der Gewinn eines Unternehmens noch schneller als sein Aktienkurs, ist die Aktie teurer als vor dem Kurssturz. Die ganze Betrachtung setzt voraus, dass man das Kurs-Gewinn-Verhältnis (KGV) eines Unternehmens als ein Kaufkriterium ansieht. Bloß leider ist das KGV isoliert betrachtet keine brauchbare Größe. Denn bei welchem KGV soll denn eine bestimmte Aktie gekauft werden und bei welchem KGV soll diese Aktie verkauft werden? Hinzukommt, das in verschiedenen Branchen verschiedene KGVs üblich sind.

## Das durchschnittliche Kurs-Gewinn-Verhältnis der DAX-Unternehmen im Corona-Crash

Vor dem Corona-Crash lag das durchschnittliche Kurs-Gewinn-Verhältnis (KGV) der30-DAX-Unternehmen bei etwa 16.

Mitte März 2020 als der DAX in der Spitze um 38,78 % abstürzte, lag das durchschnittliche KGV bei 9. Aber nur deswegen, weil die Analysten mit den Senkungen der Gewinnerwartungen so schnell nicht hinterherkamen.

Bis Anfang Mai 2020 war der DAX, von seinem Tiefpunkt aus betrachtet, um circa 30 % gestiegen und war daher von seinem Höchstkurs im Februar 2020 nur noch circa 20 % entfernt. Da aber die Analysten in der Zwischenzeit ihre Gewinnerwartungen gesenkt hatten, hatte der DAX Anfang Mai 2020 ein durchschnittliches KGV von 17. Das durchschnittliche KGV war also Anfang Mai 2020 etwas höher als vor dem Corona-Crash.

Anfang Mai 2020 erwarteten die Analysten, dass die Gewinne der DAX-Unternehmen im Durchschnitt nur um circa 13 % zurückgehen werden. Obwohl die Gewinne der DAX-Unternehmen im ersten Quartal 2020 im Durchschnitt um circa 40 % zurückgegangen waren. Dabei war im ersten Quartal 2020 nur der März ein Corona-Monat war.

Für den S&P 500 schätzten die Analysten im Durchschnitt einen Gewinnrückgang von 17 %. Im ersten Quartal 2020 waren die Gewinne der Unternehmen im S&P 500 im Durchschnitt aber nur um 13 % gesunken. Das KGV des S&P 500 lag Anfang Mai 2020 bei 22,4. Damit waren die Aktien des S&P 500 Anfang Mai 2020 teurer als im Januar 2020.

Der Nasdaq 100 erreichte Anfang September 2020 ein KGV von 29,6. Das bedeutet, dass die Aktien im Nasdaq 100 mit dem 29,6-Fachen der Gewinne gehandelt werden, die in den nächsten 12 Monaten erwartet werden.

Auch für Aktienanleger, die diesem KGV nur eine geringe Bedeutung beimessen, war das kein Szenario, das einen zum Kauf eines ETF auf den DAX animierte. Es sei denn, man ging davon aus, dass die Gewinnerwartungen nicht noch weiter gesenkt werden würden. Dagegen sprach, dass die Unternehmensergebnisse für das zweite Quartal 2020 noch nicht bekannt waren. Hier war noch mit schlechteren Ergebnissen als im ersten Quartal 2020 zu rechnen.

In der Finanzkrise 2008/2009 waren übrigens die Gewinnerwartungen für die DAX-Unternehmen nur um 37 % gesenkt worden, obwohl der DAX in der Finanzkrise 2008/2009 in der Spitze um 54,6 % einkrachte (siehe Kapitel „Die Finanzkrise 2008/2009").

In der Finanzkrise 2008/2009 waren übrigens die Gewinnerwartungen für die Unternehmen im S&P 500 um 40 % gesenkt worden.

## DAX-Unternehmen unter ihrem Buchwert – Schnäppchen

Auf Grund des Corona-Crashs hätte man Anfang April 2020 einige DAX-Unternehmen für unter Ihrem Buchwert kaufen können. Das bedeutet, dass diese Unternehmen an der Börse weniger wert sind als das jeweilige Eigenkapital der Unternehmen abzüglich der jeweiligen Schulden.

- Allianz
- BASF
- Lufthansa
- Munich RE
- RWE
- Deutsche Bank

## Verbot von Leerverkäufen in der Coronakrise

Die fünf EU-Staaten Belgien, Frankreich, Griechenland, Österreich und Spanien verlängerten ihr Verbot von Leerverkäufen bis zum 18. Mai 2020. Ob das für alle in diesen Ländern gehandelten Aktien galt, ergab sich nicht aus dieser Meldung.

## Schutzmaßnahmen gegen einen Ausverkauf der deutschen Wirtschaft

Ein Verbot von Leerverkäufen gab es zwar an den deutschen Börsen nicht. Der deutsche Staat beeinflusste also nicht direkt die Aktienkurse. Ihm reichten Schutzmaßnahmen, die einen Ausverkauf der deutschen Wirtschaft bei solchen niedrigen Aktienkursen verhindern sollten. Das war meines Erachtens auch zwingend erforderlich, einige Übernahmebarrieren aufzustellen.

Denn Deutsche Bank und Lufthansa und waren sogar für weniger als die Hälfte des Buchwertes zu haben.

Die Lufthansa war und ist ein Sonderfall. Denn nach dem Luftverkehrsnachweissicherungsgesetz (LuftNaSig) und der EU-Verordnung 2407/92 muss die Mehrheit der Aktien (das Grundkapital) in deutscher oder europäischer Hand sein.

Die Lufthansa muss alle 3 Monate beweisen, dass sie unter deutscher bzw. europäischer Kontrolle steht. Damit dieser Nachweis gelingt, müssen gem. § 2 Abs. 1 LuftNaSig die ausgegebenen Aktien der Lufthansa Namensaktien sein.

Dass man deutsche Unternehmen zu Schnäppchenpreisen kaufen konnte, galt nicht nur für die o. g. Unternehmen und nicht nur für Aktiengesellschaften, sondern zog sich quer durch die deutsche Wirtschaft.

Daher wurde in Folge des Corona-Crashs und der Coronakrise das Außenwirtschaftsgesetz (AWG) geändert.

Bereits aufgeschreckt durch den Verkauf des Roboterherstellers Kuka an chinesische Investoren, wollte man bereits vor der Coronakrise § 5 II AWG ändern. Umgesetzt wurde die Gesetzesänderung aber erst in Folge der Coronakrise.

Sowohl bei dem alten Gesetzestext als auch bei dem neuen Gesetzestext ging es darum, den Erwerb inländischer Unternehmen oder von Anteilen an solchen Unternehmen durch Erwerber außerhalb der EU zu verhindern.

Alter Gesetzestext:

- wenn infolge des Erwerbs die öffentliche Ordnung oder Sicherheit der Bundesrepublik Deutschland gemäß § 4 Absatz 1 Nummer 4 [AWG] gefährdet ist.

Neuer Gesetzestext:

- wenn infolge des Erwerbs die öffentliche Ordnung oder Sicherheit der Bundesrepublik Deutschland oder eines anderen Mitgliedstaates der Europäischen Union nach § 4 Absatz 1 Nummer 4 voraussichtlich beeinträchtigt wird

Sie haben wahrscheinlich schon gemerkt, wie schwammig beide Gesetzesformulierungen sind. Der neue Gesetzestext ist noch unbestimmter. Je unbestimmter ein Gesetzestext ist, umso größer ist der Ermessensspielraum bei der Gesetzesanwendung.

Auch Spanien, Italien und Frankreich hatten ihren Schutz wegen der Coronakrise vor unliebsamen Investoren verstärkt.

Loyale Ankeraktionäre sind nach wie vor der einfachste Schutz vor einem unliebsamen Investor.

# Hatte der Corona-Crash historische Dimensionen?

Wenn die Coronakrise historische Dimensionen hatte, dann müsste doch eigentlich der Corona-Crash auch historische Dimensionen gehabt haben? 3 Dimensionen bzw. 3 Parameter drängen sich dabei für eine Analyse auf.

Diese 3 Parameter sind:

- Der maximale Verlust bei einem Börsencrash.
- Die Geschwindigkeit eines Börsencrashs.
- Die Dauer der Erholung des Börsenindex.

Anhand dieser 3 Parameter werden die o. g. Aktiencrashs miteinander verglichen. Natürlich könnte man diese 3 Parameter auch für die Analyse des Kurses einer einzelnen Aktie einsetzen. Doch dann würden unternehmensspezifische Daten zu sehr vernachlässigt.

## Der maximale Verlust in % beim DAX in Folge des Corona-Crashs - im Vergleich

| Aktiencrash | Maximaler Kursverlust DAX |
|---|---|
| Die große Ölkrise 1973/1974 | -37,5 % |
| Der Golfkrieg 1990 | -32,76 % |
| Die LTCM-Krise 1998 | -36,22 % |
| Die Dotcom-Blase 2000 | -72,7 % |
| Die Finanzkrise 2008/2009 | -54,6 % |
| Der Corona-Crash | **-38,78 %** |

*Tabelle 9 Maximale Kursverluste DAX bei den letzten Aktiencrashs*

Bei diesem Vergleich landet der Corona Crash mit minus 38,78 % nur auf dem dritten Platz.

## Die Geschwindigkeit des Corona-Crashs im Vergleich zu anderen Aktiencrashs

| Aktiencrash | Zeitdauer bis zum Tiefpunkt beim DAX |
|---|---|
| Die große Ölkrise 1973/1974 | circa 2 Jahren und 3 Monate |
| Der Golfkrieg 1990 | circa 6 Monate |
| Die LTCM-Krise 1998 | circa 2,5 Monate |
| Die Dotcom-Blase 2000 | circa 3 Jahre |
| Die Finanzkrise 2008/2009 | circa 2 Jahre und 2 Monate |
| Der Corona Crash | circa 1 Monat |

*Tabelle 10 Zeitdauer bis zum Tiefpunkt beim DAX bei den letzten Aktiencrashs*

Ergebnis dieses Vergleichs ist es, dass es historisch einmalig war und ist, dass der DAX so schnell um über 30 % abrutschte.

# Die Corona-Rally

Dass es nach den Tiefstständen im März 2020 Kaufgelegenheiten gab, wurde von vielen Spekulanten erkannt. Die Anzahl der Aktionäre in Deutschland stieg wegen der Corona-Rally auf rund 12,35 Millionen. Das ist der höchste Stand seit knapp 20 Jahren. Damals als die Dotcom-Blase zu platzen begann. Die steigende Zahl der Aktionäre war mit steigenden Investitionen in Aktienfonds verknüpft. Im Jahr 2020 flossen knapp 21 Milliarden in Aktienfonds. Dass war mehr als vier Mal so viel wie im Jahr 2019. Der Corona-Crash war eine Kaufgelegenheit, die nicht mehr so schnell wieder kommen wird. Hoffentlich basiert der nächste Börsencrash/Aktiencrash auf einer Rezession ohne eine weltweite Pandemie. Eine Rezession ohne Pandemie wäre der geringere Preis, den man für eine sich anschließende Rally bezahlen müsste.

Im Folgenden wird dargelegt, das Dividendenzahlungen und Aktienrückkaufprogramme zu einem großen Teil als Kurstreiber bei der Corona-Rally ausfielen.

## Dividendenzahlungen in Zeiten der Corona Krise

Unternehmen, die trotz Coronakrise Dividenden ausschütten, stützen mit der Zahlung von Dividenden ihren Aktienkurs. Die Aktionäre sind dann zweifach begünstigt. Sie erhalten eine Dividende und der Aktienkurs wird stabilisiert.

Vor der Coronakrise wollten die deutschen Unternehmen für das Jahr 2020 insgesamt 44 Milliarden ausschütten. 34,6 Milliarden davon hätten alleine von den DAX-Unternehmen gestammt.

Die Bundesregierung hatte Unternehmen untersagt, für die gesamte Laufzeit vom KfW-Krediten und anderen KfW-Corona-Hilfen, Dividenden oder Gewinne auszuschütten.

Das Problem, dass Unternehmen wie z. B. BASF, Continental und VW, sich über das beantragte Kurzarbeitergeld einen Teil des Lohnes vom deutschen Staat bezahlen lassen und dennoch für das vergangene Geschäftsjahr Dividenden ausschütteten, wurde dadurch nicht gelöst.

Mich überzeugt das Argument nicht, dass Dividenden in der Coronakrise ausgeschüttet werden können, weil sie sich auf das vergangene Geschäftsjahr beziehen. Schließlich vermindert die Dividendenausschüttung die Liquidität des Unternehmens in dem Zeitraum, in dem Staatshilfe in der Form von Kurzarbeitergeld in Anspruch genommen wird. Im Grunde genommen ist Kurzarbeitergeld wie ein nicht zurückzahlbarer Kredit.

Frankreich war da resoluter. Unternehmen, die Dividenden ausschütten, blieben von staatlich garantierten Krediten ausgeschlossen. Gewährte Stundungen für Steuern und Sozialversicherungsbeiträge wurden zurückgenommen. Zudem wurde noch ein Strafzins verlangt.

Auch die Schweiz und Dänemark tolerierten keine Dividendenausschüttungen von Unternehmen, denen der Staat unter die Arme griff.

Von insgesamt 160 Konzernen wollten 75 % Mitte April 2020 an Ihren Ausschüttungen festhalten. Liest man nur das, fragt man sich, ob man überhaupt von einer Coronakrise reden kann.

Unternehmen sind nicht an ihre bisherigen Gewinnverwendungspläne gebunden. Laut den Wirtschaftsjuristen ist es ausreichend, in der Einladung zur Hauptversammlung zu erwähnen, dass beabsichtigt ist, entgegen der ursprünglichen Planung die Dividende zu streichen. Dann kann die Hauptversammlung gem. § 174 II Nr. 2 AktG beschließen, dass der Bilanzgewinn nicht ausgeschüttet wird.

Zumindest noch im April 2020 sprach sich die Schutzvereinigung für Wertpapierbesitz gegen Dividenden aus, wenn Staatsgelder beantragt werden.

Die Europäische Zentralbank (EZB), die deutsche Finanzaufsicht BaFin, die Versicherungsaufsicht Eliopa und die EZB hatten pauschal gefordert, dass Dividendenzahlungen so lange ausgesetzt werden sollten, bis die Folgen der Coronakrise greifbar sind.

Erst im März 2021 lockerte die EZB ihren Dividendenstopp für Banken. Der maximale Ausschüttungsbetrag durfte dann allerdings weder 15 Prozent der kumulierten Gewinne aus den Jahren 2019 und 2020 überschreiten, noch größer sein als 0,2 % des harten Kernkapitals der Bank.


Theoretisch hätte man auch staatliche Kaufprämien davon abhängig machen können, dass kein Autokonzern Dividenden ausschüttet. Das wäre aber für das Bundesland Niedersachsen, das 20 % der stimmberechtigten Aktien von VW hält, gefährlich geworden. Wird eine Dividende nicht gezahlt, können automatisch aus stimmrechtlosen Vorzugsaktien Stammaktien mit Stimmrecht werden (§140 II AktG).

Der Anteil von Niedersachsen an VW würde dann mit der Folge verwässert, dass der Anteil von Niedersachsen an VW unter 20 % der stimmberechtigten Aktien fällt. Damit würde Niedersachsen an Einfluss bei VW verlieren.

VW ist also in gewisser Weise wegen des Bundeslandes Niedersachsen dazu verdammt, auch in Krisenzeiten Dividenden zu zahlen. Daher hatte VW, auch im Jahr 2015 als einen Verlust von 4,1 Milliarden Euro wegen der Rückstellungen für die Dieselaffäre gab, Dividenden ausgeschüttet.


Im Dezember 2020 wurde geschätzt, dass die 30 DAX-Konzerne mit rund 31 Milliarden Euro im Jahr 2021 rund 20 % weniger Dividenden ausschütten werden. Die Corona Krise hatte also ihre Spuren hinterlassen. Dafür, dass der Coronavirus das wirtschaftliche Leben seit Mitte Februar 2020, als weltweit die Börsen einkrachten, einschränkte, geht das ja noch.

Im Jahr 2020 schütteten die 30 DAX-Konzerne mit rund 34,1 Milliarden Euro aus. Das sind nur rund 11,4 Prozent weniger als im Jahr 2019. Damit wurde im Jahr 2020 mehr ausgeschüttet als ursprünglich befürchtet.

Trotz der geringeren Ausschüttungen erklomm der DAX mit 13.790 Punkten am 28. Dezember 2020 ein neues Allzeithoch.

Für Unternehmen, deren Geschäft durch den Coronavirus nicht oder kaum beeinträchtigt wurde, wie z. B. EON, RWE, die Deutsche Post, Merck, Vonovia, Deutsche Wohnen und SAP war es kein Problem trotz der Corona Krise weiterhin Dividenden auszuschütten. Unternehmen wie Henkel, Munich RE und Allianz hatten trotz Coronakrise genügend Geld in der Kasse, um Dividenden zahlen zu können.

Die Situation im MDAX war ähnlich. Von 10,61 Millionen Euro Ausschüttungen im Jahr 2019 ging die Ausschüttungssumme im MDAX im Jahr 2020 auf rund 8 Millionen Euro zurück. Dennoch erklomm der MDAX während der zweiten Infektionswelle am 27. November 2020 mit 29.374 Punkten ein neues Allzeithoch.

## Aktienrückkaufprogramme in der Corona Krise

Aktienrückkaufprogramme sind noch größere Aktienkurstreiber als Dividenden.

Rund ein Drittel des Anstiegs des Gewinns pro Aktie in den USA soll vor dem Corona-Crash auf Aktienrückkäufe zurückzuführen sein.

Nach einer Studie des Vermögensverwalters La Financière de L'Equichier waren in den letzten 4 Jahren vor dem Jahr 2019 die größten Käufer, US-Unternehmen die ihre Aktien zurückkauften.

Folglich kam es insbesondere in den USA vor der Coronakrise zu Exzessen bei Aktienrückkaufen.

Beispiele:

- General Electric soll das 227-Fache seiner Gewinne in Aktienrückkäufe in den Jahren 2009 bis 2018 investiert haben.

- Boeing verwendete 121 % seiner Gewinne für Aktienrückkäufe.

- IBM investierte 109 % seiner Gewinne in Aktienrückkäufe. [Neu]

- Laut einer Studie von JP Morgan Chase sollen 30 % der US-Unternehmen Ihre Aktienrückkäufe mit Anleihen finanziert haben.

Diese Exzesse haben sicher auch ihren Grund darin, dass das Steuersystem in den USA Dividendenausschüttungen gegenüber dem Kauf eigener Aktien benachteiligt.

Aber auch in Deutschland haben Dividenden einen steuerlichen Nachteil:

Wenn Aktionäre eine Dividende erhalten, sind Kapitalertragssteuer und Solidaritätszuschlag in der Regel bereits abgezogen und damit ist die Dividende bereits versteuert. Wenn der Wert der Aktie durch den Rückkauf steigt, muss dieser Wertgewinn von dem Aktionär nicht vor der Veräußerung der Aktien versteuert werden. Wird die Aktie erst im nächsten Kalenderjahr oder noch später verkauft, verschiebt sich dadurch der Zeitpunkt der Besteuerung nach hinten.

Wenn diese Unternehmen wegen der Coronakrise kein Geld mehr für Aktienrückkäufe haben sollten, können deren Aktienkurse auf Grund von Aktienrückkäufen nicht steigen.

Laut einer Studie haben die im S&P 500 gelisteten Unternehmen in den Jahren zwischen 2009 und 2018 Aktienrückkäufe im Wert von 4,3 Billionen Dollar getätigt. Ungefähr dieser Betrag wurde im Jahr 2020 in den USA für Hilfskredite zur Bewältigung der Coronakrise zur Verfügung gestellt.

Eines der US-Hilfspakete verbot den Unternehmen Aktienrückkäufe, wenn sie staatlich abgesicherte Kredite nutzen. Das Verbot gilt nach dem Ende der Kredite noch 1 Jahr.

Im zweiten Quartal 2020 kauften die 500 größten Unternehmen in den USA ihre Aktien nur für 90 Milliarden USD zurück. Das waren im Vergleich zum Vorjahresquartal 46 % weniger und der niedrigste Wert seit 8 Jahren. Die Corona-Krise hatte also ihre Spuren bei den Aktienrückkaufprogrammen der Konzerne hinterlassen. Damit entfiel ein Kurstreiber in der Corona-Rally. Laut einer Studie von Morgan Stanley steigen die Aktienkurse von Aktien-Rückkäufern zwölf Monate nach der Ankündigung des Rückkaufs um 13 %. Werden die Aktien nach dem Rückkauf vernichtet, steigt der Gewinn pro Aktie.

Adidas, Allianz, Linde, Lanxess und Munich RE stoppten wegen der Coronakrise ihre Aktienrückkaufprogramme. Im November 2020 stellte die Allianz den bereits ausgesetzten Rückkauf in Höhe von 750 Millionen Euro eigener Aktien endgültig ein.

SAP beendete bis auf weiteres seine Aktienrückkäufe.

In den USA kauften Microsoft, Oracle, Apple und Alphabet weiterhin ihre Aktien. Mit einem Investment von 50 Milliarden USD in den Rückkauf eigener Aktien, dürfte Apple auch im Jahr 2020 stärkster US-Aktien-Rückkäufer gewesen sein. Apple war das einzige große Unternehmen in den USA, dass während der Coronakrise sogar seine Dividende erhöhte.

Adidas erhielt eine Darlehenszusage von der KfW über 2,4 Milliarden EUR. Adidas war so korrekt, und hatte vorher seine Dividende zusammengestrichen. Allerdings entsprachen die 2,4 Milliarden Kredit grob den 2 Milliarden Euro, die Adidas seit 2018 für den Rückkauf eigener Aktien verwendet hatte. Natürlich konnte Adidas damals nicht voraussehen. Dennoch ist dies ein Fall, der zeigt, dass die Begrenzung für Aktienrückkäufe in § 71 des Aktiengesetzes einen Sinn ergibt. In § 71 Absatz 2 des Aktiengesetzes ist eine Begrenzung auf 10 % des Grundkapitals in 5 Jahren verankert.

Es besteht eine hohe Wahrscheinlichkeit, dass wenn Adidas noch mehr Geld für Aktienrückkäufe ausgegeben hätte, die von Adidas beantragte Kreditsumme entsprechend höher gewesen wäre.

Siemens kaufte im März und April 2020 für circa 1,2 Milliarden eigene Aktien, um den Aktienkurs des Unternehmens zu stützen. Gleichzeitig erhielten rund 3000 Mitarbeiter von Siemens Kurzarbeitergeld.

Trotz reduzierter Aktienrückkaufprogramme gab es für den DAX, den MDAX, den Dow Jones, den S&P 500 und für den Nasdaq 100 neue Allzeithochs im Jahr 2020.

# Die Dauer der Kurserholungen beim DAX bei Aktiencrashs—ein Vergleich

| Aktiencrash | Zeitdauer der Kurserholung des DAX |
|---|---|
| Die große Ölkrise 1973/1974 | circa 6 Jahre und 1 Monat |
| Der Golfkrieg 1990 | circa 10 Monate |
| Die LTCM-Krise 1998 | etwas weniger als 1,5 Jahre |
| Die Dotcom-Blase 2000 | circa 7 Jahre und 1 Monat |
| Die Finanzkrise 2008/2009 | circa 5 Jahre und 5 Monate |
| Der Corona-Crash | etwas mehr als 10 Monate |

*Tabelle 11 Die Dauer der Kurserholungen beim DAX bei verschiedenen Aktiencrashs*

Wie Sie sehen, war die Dauer der Kurserholung beim DAX nach dem Corona-Crash im Vergleich zu den vorherigen Aktiencrashs recht kurz.

# Die Chronik der Corona-Rally

Die weltweit wichtigsten Börsenindices hatten ihre Tiefpunkte am 18. März/19. März 2020 (siehe oben). Die Kurse von DAX, MDAX, Dow Jones, S&P 500, Nasdaq 100 und Nikkei 225 stiegen alle danach.

Aber natürlich stiegen auch die Kurse von einzelnen Aktien. Aber eben nicht die Kurse von allen Aktien oder nicht so stark wie die weltweit wichtigsten Börsenindices.

Aber auch die Kursanstiege einzelner Aktien werden in diesem Buch berücksichtigt (siehe Kapitel „Für Stockpicker – Kursentwicklungen einzelner Aktien während der Corona-Rally").

Im Folgenden werden erstmal die wichtigsten Kurserholungen und die größten Rücksetzer der Corona-Rally bei den Börsenindices dargestellt.

Außerdem werden Ereignisse aufgelistet, die ein Einfluss auf die Kurse der weltweit wichtigsten Börsenindices hatten. Das alles in einer zeitlichen Reihenfolge.

## 2. März 2020: Es wurde ein koordiniertes Vorgehen der wichtigsten Notenbanken der Welt erwartet.

| | DAX | MDAX | Dow Jones | S&P 500 | Nasdaq 100 | Nikkei 225 |
|---|---|---|---|---|---|---|
| 02.03.2020 Veränderung in % | -0,27 | -0,07 | 5,09 | 4,6 | 4,92 | 0,95 |

*Tabelle 12 Tagesgewinne/Tagesverluste in % der wichtigsten Börsenindices am 2. März 2020*

Wie Sie sehen, kam das bei den Aktienbörsen gut an, dass man mit einem koordinierten Vorgehen der Notenbanken rechnen konnte. Insbesondere wenn man bedenkt, dass die deutschen Börsen am 2. März 2020 weitaus tiefer im Minus lagen. In der Spitze verlor der DAX zeitweilig innerhalb des Tages 4,1 %; der MDAX 4 %.

## 3. März 2020: Die FED senkt den Leitzins um einen halben Prozentpunkt

3. März 2020: Die FED senkt zur Überraschung vieler den Leitzins gleich um einen halben Prozentpunkt.

| | Dow Jones | S&P 500 | Nasdaq 100 |
|---|---|---|---|
| 03.03.2020 | -2,94 | -2,81 | -3,19 |

*Tabelle 13 Tagesverluste in % der US-amerikanischen Börsenindices am 3. März*

Wie Sie sehen, war die Reaktion an den US-amerikanischen Aktienbörsen negativ. Das letzte Mal, dass die FED den US-Leitzins in einem Schritt um 0,5

% gesenkt hatte, war beim Börsencrash im Jahr 2008. Im Jahr 2008 verlor z. B. der DAX 39,95 %. Viele Aktienspekulanten dachten wohl, dass die Lage dann schlimmer als gedacht war.

Denn bis zum 2. März 2020 lagen die Verluste an den Aktienbörsen nur zwischen 9 bis 14 % bezogen auf die Allzeithochs aus dem Februar 2020.

## 16. März 2020: Die FED senkt dem US-Leitzins fast auf Null

|  | Dow Jones | S&P 500 | Nasdaq 100 |
|---|---|---|---|
| 16.03.2020 | **-12,93** | **-11,98** | **-12,32** |

*Tabelle 14 Tagesverluste in % der US-amerikanischen Börsenindices am 16. März*

Wie Sie sehen, waren die US-amerikanischen Aktienbörsen geschockt, dass innerhalb von circa 2 Wochen ein weiterer drastischer Zinssenkungsschritt der FED erfolgte. Es wurde vielen Anlegern bewusst, dass man beim Corona-Crash wohl mindestens eine Nummer größer denken musste.

## 19. März 2020: Die Wirkung der Maßnahmen der EZB auf die deutschen Aktienbörsen

Am 19. März 2020 kündigte die EZB ein Anleihekaufprogramm in Höhe von 750 Milliarden Euro an.

|  | DAX | MDAX |
|---|---|---|
| 19.03.2020 | 2 % | 3,63 % |

*Tabelle 15 Tagesgewinne in % beim DAX und beim MDAX am 19. März*

Wie Sie sehen, kam diese Ankündigung bei den deutschen Aktienbörsen gut an.

# 24. März 2020: Die Wirkung des Hilfspaketes der US-Regierung auf die Aktienbörsen

Am 24. März 2020 gab es eine Aussicht auf eine Einigung in den USA über ein Konjunkturpaket in Höhe von 1,9 Billionen USD.

|  | DAX | MDAX | Dow Jones | S&P 500 | Nasdaq 100 | Nikkei 225 |
|---|---|---|---|---|---|---|
| 24.03.2020 | **10,98** | **7,14** | **11,37** | **9,38** | **7,81** | **7,13** |

*Tabelle 16 Tagesgewinne/Tagesverluste in % der wichtigsten Börsenindices am 24. März 2020*

Wie Sie sehen, war die positive Reaktion der Aktienbörsen überwältigend. Der Dow Jones hatte am 24. März 2020 den größten Tagesgewinn seit 1933.

Dass auch die Kurse der Börsenindices außerhalb der USA in vergleichbarer Höhe stiegen, zeigt die Bedeutung der USA für die Weltwirtschaft. Die Kurse der US-amerikanischen Börsenindices stiegen, obwohl schon damals die USA zum neuen Epizentrum der Pandemie geworden waren. Ein weltweiter Konjunkturaufschwung ohne die USA ist kaum vorstellbar.

Die Höhe der Kursanstiege an den US-amerikanischen Aktienbörsen liegt sicher auch daran, dass z. B. direkte Zahlungen von Hilfsgeldern für den normalen Verbraucher weniger abstrakt sind als Leitzinssenkungen der FED.

Letztendlich wurde ein Hilfspaket in Höhe von 2,2 Billionen USD am 27. März 2020 von Trump unterzeichnet. Das größte Hilfspaket in der US-amerikanischen Geschichte. Das entspricht fast 10 % Prozent der US-Wirtschaftsleistung.

Am 25. März kursierten Meldungen in den Medien, dass die Hilfspakete weltweit bisher mindestens ein Volumen von 9,2 Billionen Euro erreicht haben.

Das hat sicher dazu geführt, dass die Tiefpunkte der Börsenindices vom 18. März 2020 (siehe oben) nicht mehr erreicht worden sind. Genauer formuliert, haben alleine schon die Ankündigungen von Hilfspaketen - wenn man mal von der FED absieht - zu Kurssprüngen an den Aktienbörsen geführt.

## 26. März 2020: Die EZB kauft ohne Limit Staatsanleihen

Am 26. März 2020 beschloss die EZB ohne irgendein Limit Staatsanleihen zu kaufen.

|            | DAX    | MDAX   |
|------------|--------|--------|
| 26.03.2020 | 1,28 % | 3,2 %  |

*Tabelle 17 Tagesgewinne in % beim DAX und beim MDAX am 26. März*

Auch diese Ankündigung wurde von deutschen Aktienbörsen positiv aufgenommen.

Die deutschen Aktienbörsen haben also auf angekündigte Maßnahmen der EZB mit Kursgewinnen reagiert, während die Maßnahmen der FED an den US-amerikanischen Aktienbörsen zu Kursverlusten führten.

Vermutlich liegt das daran, dass die deutschen Anleger auf Grund der bisherigen Eurokrisen mit den Kaufprogrammen der EZB vertrauter sind, als die US-amerikanischen Anleger mit drastischen Zinssenkungsschritten der FED.

## März 2020 – Gewaltige Kursanstiege in wenigen Tagen

Wegen der Maßnahmen der FED und der EZB explodierten die Kurse der wichtigsten Börsenindices Ende März 2020 in wenigen Tagen. Das war der Start der Corona-Rally.

| Börsenindex | Dax | MDAX | Dow Jones | S&P 500 | Nasdaq 100 |
|---|---|---|---|---|---|
| 23.03.2020 Tagesendstand | 8.741 | 18.837 | 18.591 | 2.237 | 7.006 |
| 26.03.2020 Tagesendstand | 10.001 | 21.426 | 22.522 | 2.630 | 7.897 |
| Summe Zwischenerholung in % | **14,41** | **13,74** | **21,14** | **17,57** | **12,72** |

*Tabelle 18 Erste Zwischenerholung im Corona Crash*

Der Nikkei 225 fiel mit einem Kursanstieg von 10,52 % etwas zurück

Über 10 % Kurserholungen in nur 3 Handelstagen sind bemerkenswert, weil der DAX im langfristigen Durchschnitt jedes Jahr (nur) um circa 8 % steigt.

Wer dachte, dass eine solche Explosion der Börsenindices sich in der Corona-Rallye nicht wiederholen würde, befand sich in einem Irrtum (siehe unten).

## Das Malariamedikament Hydroxychloroquin eignete sich nicht zur Bekämpfung des Coronavirus

Am 22.4. 2020 genehmigte die US-Arzneimittelbehörde FDA eine Novartis-Studie mit dem Medikament Hydroxychloroquin zur Behandlung von Covid-19. Obwohl es keinen wissenschaftlichen Beweis dafür gab, dass Hydroxychloroquin den Corona-Patienten hilft. Dieses Medikament ist laut PubMed schon seit Jahrhunderten als vorbeugendes Mittel gegen Malaria bekannt.

Am 21.4.2020 wurde bekanntgegeben, dass das Malariamedikament Hydroxychloroquin nicht im Kampf gegen das Coronavirus hilft, sondern sogar vermutlich zu einer höheren Todesrate führt.

Die Börsenindices reagierten weltweit verschnupft.

| | Dax | MDAX | Dow Jones | S&P 500 | Nasdaq 100 | Nikkei 225 |
|---|---|---|---|---|---|---|
| 21.04.2020 Kursrückgänge in% | -3,99 | -2,28 | -2,67 | -3,07 | -3,71 | -1,97 |

*Tabelle 19 Malariamedikament Hydroxychloroquin ungeeignet*

Da half es den Kursen nicht mehr, dass an diesem Tag der US-Senat einem weiteren Corona-Rettungsschirm in Höhe von 500 Milliarden Dollar zugestimmt hatte. Geld ist diesem Fall also auch nicht alles.

## Der Ölpreis-Crash im April 2020

Fast jeder Autofahrer verbraucht Benzin oder Diesel. Zudem benötigen viele Unternehmen Ölprodukte.

Wegen der weltweiten Ausgangsbeschränkungen gab es weniger Autofahrten. Je nach Statistik sank daher die Anzahl der Unfälle um 44 bis 50 %.

40 % der weltweiten Ölproduktion werden für Mobilität verwendet. Da wegen des weltweiten Shutdowns weniger produziert wurde, benötigten die Unternehmen weniger Öl. Diese Zusammenhänge sind so einfach und so klar, dass ich mich heute noch wundere, dass es am 6 März 2020 im Kreis der OPEC-Länder und Russland keine Einigung über Kürzungen der Rohölförderung gab. Wegen der fehlenden Einigung brach der Ölpreis innerhalb weniger Minuten zunächst um 30 % ein.

Am 1. April 2020 kostete das Fass WTI statt 60 USD nur noch 19 USD. Der Preis für die russische Ölsorte Urals stürzte sogar auf 13 USD je Fass ab. Damit lag der Preis unterhalb den Förder- und Transportkosten.

Weil man sich verzockt hatte, kam dann doch am 10. April 2020 eine Einigung über Kürzungen der Rohölförderung zustande. Diese Kürzungsvereinsvereinbarung half dem Ölpreis aber nicht.

Denn am 20. April 2020 fiel der Preis für den am 21. April auslaufenden Terminkontrakt auf WTI-Öl um fast 99 Prozent auf 0,46 USD. Der niedrigste Preis aller Zeiten. Der Preis für US-Rohöl rutschte kurzzeitig auf minus 38 USD runter. Der Preis für die europäische Rohölsorte Brent stürzte auf 18 Euro ab. Seit 2002 war das der niedrigste Preis.

Am 20. April 2020 hatten sogar Käufer für den Mai-Terminkontrakt Geld erhalten. Weil der Preis dafür ins Minus drehte Das war das erste Mal seit Beginn des Handels mit Öl-Futures Handels im Jahr 1983. Weil stillgelegte Bohrlöcher versiegen können, musste die Ölförderung trotz einem Mangel an Lagerkapazitäten weiterlaufen. Das führte dann dazu, dass man zeitweilig dafür Geld zahlte, dass irgendjemand einem überhaupt das ÖL abnahm. Negative Ölpreise konnten in einigen Handelssystemen nicht verarbeitet werden.

Im März 2020 waren in der US-Ölindustrie bereits rund 51 000 Arbeitsplätze verloren gegangen, das waren circa neun Prozent der Stellen. Das Beratungsunternehmen BW Research Partnership schätzte, dass im März 2020 in den Zulieferbetrieben zusätzliche 15 000 Arbeiter ihren Job verloren hatten.

Ebenfalls am 20. April 2020 stürzte der Preis für Brent. Öl um 8,44 % auf 26,26 USD. Am nächsten Tag fiel der Preis für Brent-Öl sogar um rund 31 %. Denn man ging davon aus, dass infolge der Coronakrise die kurzfristige Nachfrage nach Öl noch geringer sein würde, als bisher angenommen.

Am 21. April 2020 kostete das Fass WTI-Rohöl temporär nur noch 11 USD, Brent-Rohöl nur noch 13 USD.

| Kursrückgänge in % wegen Ölpreis-Crash | Dax | MDAX | Dow Jones | S&P 500 | Nasdaq 100 | Nikkei 225 |
|---|---|---|---|---|---|---|
| 20.04.2020 | 0,47 | 0,47 | -2,44 | -1,28 | -1,15 | -1,15 |
| 21.04.2020 | -3,99 | -2,28 | -2,67 | -3,07 | -3,71 | -1,97 |
| 22.04.2020 | 1,61 | 1,49 | 1,98 | -0,32 | 3,11 | -0,74 |

*Tabelle 20 Ölpreis-Crash im April 2020 ohne größere Auswirkungen*

Wie Sie sehen, waren die negativen Auswirkungen auf die Aktienmärkte überschaubar. Wenn bei einem solchen historisch einmaligen Ölpreis-Crash die Börsenindices so wenig nachgaben, war das für mich ein Indikator, dass sich in diesem Zeitraum die Kurse der Börsenindices weltweit stabilisiert hatten.

## Zwischenerfolg für den Wirkstoff Remdesivir

Am 29. April 2020 wurde mitgeteilt, dass die US-amerikanische Firma Gilead Sciences mit dem Wirkstoff Remdesivir, der ursprünglich für Ebola entwickelt worden war, laut einer Studie des National Institute of Allergy and Infectious Diseases (NIAID), bei der Behandlung des Coronavirus einen Zwischenerfolg erzielt hatte.

Die Kurse der Börsenindices stiegen daraufhin an diesem Tag.

| | Dax | MDAX | Dow Jones | S&P 500 | Nasdaq 100 | Nikkei 225 |
|---|---|---|---|---|---|---|
| 29.04.2020 Anstieg in % | 2,89 | 2,58 | 2,21 | 2,66 | 3,52 | 2,14 |

*Tabelle 21 Effekte: Zwischenerfolg für den Wirkstoff Remdesivir*

Wie Sie sehen, hängen die Kurse der Börsenindices am Tropf eines möglichen Medikaments.

In einer ersten Reaktion machte die Aktie von Gilead Sciences einen so großen Kurssprung, dass die Aktie zeitweilig vom Handel ausgesetzt wurde.

Dabei gab es am 29. April 2020 keine detaillierten Informationen, um was für eine Art von Zwischenerfolg es sich handelte. Remdesivir hatte sich noch nicht mal als sichere oder effektive Behandlungsmethode gegen den Coronavirus erwiesen. Geschweige denn, dass Remdesivir als Medikament zugelassen war. Einen Impfstoff gab es immer noch nicht. Deswegen war der Anstieg der Kurse der Börsenindices auch nur ein eintägiges Strohfeuer.

Das zeigt, wie sehr die Börsen nach positiven Nachrichten von Nachrichten von der Impfstoff- und Medikamentenfront dürsteten. Woher sonst auch sollten in diesem Zeitraum die guten Nachrichten kommen. Die ganz großen Hilfspakete waren zu diesem Zeitpunkt in den USA, in der EU und in Japan bereits geschnürt. Kleinere Hilfspakete tröpfelten noch hinterher. Wenn die Kurse weltweit wegen einer so unbestimmten Nachricht nach oben ziehen, dann weiß man als Aktienspekulant, dass für weltweite Kurserholungen an den Aktienbörsen genügend Aktienanleger mit genügend Geld zur Verfügung stehen.

## April 2020 - enorme Kursanstiege in 10 Tagen

Dies war der zweite große Kursanstieg in der Corona-Rally, der vor der Berichtssaison für das erste Quartal 2020 stattfand.

| Zwischenerholung vor der Berichtssaison | Dax | MDAX | Dow Jones | S&P 500 | Nasdaq 100 | Nikkei 225 |
|---|---|---|---|---|---|---|
| 2.4.2020 - Tagesendkurs | 9.570 | 20.488 | 21.413 | 2.526 | 7.635 | 17.818 |
| 14.4.2020 - Tagesendkurs | 10.696 | 22.374 | 23.949 | 2.846 | 8.692 | 19.638 |
| Summe Zwischenerholung in % | **11,77** | **9,21** | **11,84** | **12,67** | **13,84** | **10,21** |

*Tabelle 22 April 2020 - enorme Kursanstiege in 10 Tagen*

Dafür, dass es am 14.4.2020 noch nicht genügend Schutzmasken, kein Antikörper-Serum und keinen Impfstoff gab, sind auch diese Kursanstiege enorm.

Allerdings hatte die FED am 9.4.2020 als Ostergeschenk ein zusätzliches Kreditprogramm von 2 Billionen USD aufgelegt.

Am Karfreitag, den 10.4.2020 hatten sich die Finanzminister der EU zur Bekämpfung der Coronakrise auf ein 500-Milliarden-Rettungspaket geeinigt.

Bei einer Zwischenerholung sind nicht nur die prozentualen Steigerungen der Börsenindices interessant, sondern auch mit welcher Geschwindigkeit sich diese Kurssteigerungen vollziehen.

Wie Sie sehen, sind fast alle 3 Börsenindices innerhalb von nur 7 bis 8 Handelstagen um mehr als 10 % gestiegen. Da in Deutschland am Ostermontag die Börsen nicht geöffnet waren, waren es in Deutschland nur 7 Handelstage.

Im April 2020 stieg der DAX um 9,3 %. Das war stärkste Anstieg in einem Monat seit Oktober 2015.

## Der mögliche Impfstoff von Moderna erzeugt Antikörper gegen den Coronavirus

Das Biotech-Unternehmen Moderna meldete am 18. Mai 2020, dass sein Impfstoff „mRNA-1273" für den Coronavirus, bei allen 45 Patienten Antikörper gebildet hatte. Außerdem waren keine Nebenwirkungen aufgetreten. Laut Moderna könnte man im Juli 2020 mit einer Phase-3-Studie zu beginnen, bei der der Impfstoff bei mehreren tausend Probanden getestet wird. Im besten Fall könnte eine Marktreife bis 2021 geschafft werden.

Diese Nachricht kam weltweit bei den Börsen gut an.

| Kursänderungen in % | Dax | MDAX | Dow Jones | S&P 500 | Nasdaq 100 | Nikkei 225 |
|---|---|---|---|---|---|---|
| 18.05.2020 Moderna-Effekt, Anstieg in % | 5,67 | 3,51 | 3,85 | 3,15 | 1,96 | 0,48 |

*Tabelle 23 Effekte: Impfstoff von Moderna erzeugt Antikörper gegen den Coronavirus*

Wie Sie sehen, hängen die Kurse der Börsenindices am Tropf eines möglichen Impfstoffes.

## Sell in May und go away in der Corona-Rally?

Sell in May 2020 und go away? Diese Frage beantwortet die folgende Tabelle.

|  | Dax | MDAX | Dow Jones | S&P 500 | Nasdaq 100 | Nikkei 225 |
|---|---|---|---|---|---|---|
| Höchststand im Mai 2020 | 11.781 | 25.634 | 25.524 | 3.044 | 9.556 | 21.916 |
| Tagesendkurs 30. Juni 2020 | 12.311 | 25.840 | 25.813 | 3.100 | 9.961 | 22.288 |

*Tabelle 24 Sell in May 2020 und go away, lohnte sich nicht*

Bei allen Börsenindices waren also die Kurse gestiegen.

Selbst unter der extremen Annahme, dass man einen ETF für einen dieser Börsenindices im Mai 2020 zum Monatshöchststand verkauft hätte, hätte sich ein Verkauf im Mai 2020 nicht gelohnt. Dabei hat sicher auch eine Rolle gespielt, dass es im Juni 2020 weitere Lockerungen gab, z. B. für Urlaubsreisen. Ich halte von dieser Regel ohnehin nichts, da es generell zu viele Ausnahmen bei dieser Regel gibt (siehe mein Buch „Aktienspekulationen").

## Bekanntgabe der Arbeitslosenquote für die USA am 5. Juni 2020

Am 5. Juni 2020 wurde bekannt, dass die Arbeitslosenquote in den USA im Mai von 14,7 Prozent auf 13,3 % gesunken war. Viele Experten hatten frühestens im Juni 2020 mit einer zunehmenden Beschäftigung gerechnet. Diese positive Überraschung wurde von den Börsen weltweit am 5. Juni 2020 freudig begrüßt.

|  | Dax | MDAX | Dow Jones | S&P 500 | Nasdaq 100 | Nikkei 225 |
|---|---|---|---|---|---|---|
| 05.06.2020 Anstieg in % | 3,36 | 1,64 | 3,16 | 2,62 | 2,02 | 0,74 |

*Tabelle 25 Effekte: Bekanntgabe der Arbeitslosenquote für die USA am 5. Juni 2020*

Die Börsenindices marschierten in der Corona-Rally eher im Gleichschritt mit steigenden Beschäftigungszahlen als mit sinkenden Beschäftigungszahlen. Schließlich stiegen die Börsenindices im April 2020, obwohl im April 2020 in den USA immer mehr Jobs verlorengegangen waren.

Bis zum 17. April 2020 hatten 22 Millionen US-Amerikaner wegen der Coronakrise ihren Job verloren. Damit gingen in 4 Wochen mehr Jobs verloren, als Arbeitsplätze seit der Finanzkrise 2008/2009 in den USA geschaffen worden waren. Rechnet man die 22 Millionen Arbeitslose in den USA auf die Bevölkerungszahl von Deutschland um, wäre das so gewesen, als ob es in Deutschland wegen der Corona Krise zusätzlich circa 5 Millionen Arbeitslose gegeben hätte.

## Die trüben Wirtschaftsprognosen der FED vom 10. Juni 2020

Am Abend des 9. Juni 2020 äußert sich die US-Notenbank (FED) negativ über die weitere Wirtschaftsentwicklung in den USA.

Hier einige Einzelheiten:

- Das US-Bruttoinlandsprodukt bricht im Jahr 2020 um 6,5 % ein.

- Die Arbeitslosigkeit in den USA wird im Jahr 2020 im Mittel bei 9,3 % liegen.

- *"Vor der Wirtschaft liegt ein sehr unsicherer Weg"*

Daher war nach Ansicht der FED in den beiden kommenden Jahren nicht an Zinserhöhungen zu denken. Niedrige Zinsen sind schlecht für Banken. Daher stürzten die Aktienkurse von Citigroup, JPMorgan oder der Bank of America am 11. Juni 2020 um bis zu 13 % ab. Für mich war bei den Wirtschaftsprognosen nichts wirklich Überraschendes dabei.

Am 9. Juni 2020 war die Berichtssaison für das erste Quartal noch nicht abgeschlossen. Die Ergebnisse waren mit Ausnahmen der Gewinner der Corona-Krise schlecht. Weil im ersten Quartal 2020 im Prinzip nur der März ein Corona-Monat war, war mit noch schlechteren Unternehmensergebnissen für das zweite Quartal 2020 zu rechnen. Diese Gemengelage führte zu den folgenden Kursrückgängen bei den weltweit wichtigsten Börsenindices.

| Tagesendkurse | Dax | MDAX | Dow Jones | S&P 500 | Nasdaq 100 | Nikkei 225 |
|---|---|---|---|---|---|---|
| 08.06.2020 | 1.2894 | 27.202 | 27.572 | 3.232 | 9.901 | 23.292 |
| 11.06.2020 | 11.787 | 25.090 | 25.128 | 3.002 | 9.588 | 21.759 |
| Verlust in 3 Tagen | -8,59 % | -9,43 % | -8,86 % | -7,17 % | -3,16 % | -6,58 % |

*Tabelle 26 Effekte: Die trüben Wirtschaftsprognosen der FED vom 10. Juni 2020*

Die Infektionszahlen und der Zahl der Corona-Toten waren nicht ursächlich für diese Kursrückgänge, da diese Zahlen im Juni 2020 fast überall niedriger waren als Frühjahr 2020.

Diese Kursrückgänge sind deutlich niedriger als die im Kapitel „Kursverluste nach Zwischenerholungen bei früheren Börsencrashs" beschriebenen Kursrückgänge. Da die Börsenindices seit ihren Tiefpunkten zwischen 40 bis 50 % gestiegen waren (siehe unten), waren viele Aktienspekulanten trotz dieser Kursrückgänge noch im Plus. Ein Rückschlag von unter 10 % ist bei den Börsenindices immer möglich. Auch außerhalb der Corona-Rally.

Lange verschnauften die Börsen nicht.

Der Nasdaq 100 übertraf bereits am 22. Juni 2020 seinen Höchstwert von Anfang Juni 2020. der DAX am 16. Juli 2020, der MDAX am 21. Juli 2020, der Dow Jones am 10. August 2020, der S&P 500 am 20. Juli 2020 und der Nikkei 500 am 13. August 2020.

## Kursteigerungen der weltweit wichtigsten Börsenindices von ihrem Tiefpunkt bis Anfang Juni 2020

Man kann natürlich in einem Aktiencrash - wie dem Corona-Crash - auch größere Zeiträume betrachten. Denn eine allgemeingültige Definition, wann eine Zwischenerholung beendet ist, gibt es nicht.

| Zwischenerholung größerer Zeitraum | Dax | MDAX | Dow Jones | S&P 500 | Nasdaq 100 | Nikkei 225 |
|---|---|---|---|---|---|---|
| verschiedene Tage Tiefpunkt Corona-Crash | 8.441 | 17.909 | 18.591 | 2.237 | 6.994 | 16.552 |
| Zeitraum 05.06 bis 10.6.2020 | 12.848 | 27.200 | 27.572 | 3.232 | 10.094 | 23.178 |
| Summe Zwischenerholung in % | **52,21** | **51,88** | **48,31** | **44,48** | **55,91** | **40,03** |

*Tabelle 27 Kurssteigerungen von Börsenindices von ihrem Tiefpunkt bis Anfang Juni 2020*

Wow! Da musste man schon ein glückliches Händen haben, um mit dem Kauf von einzelnen Aktien besser abzuschneiden. Es war aber möglich (siehe das Kapitel „Aktien mit einem Kursanstieg von über 100 Prozent in der Corona-Rally").

Es beschlich einem das Gefühl, dass man den Kursen hinterherrennen müsste. Oder noch schlimmer: Man hatte Angst bei der nächsten Hausse nicht dabei zu sein (The fear of missing out).

Dennoch inspirierten mich diese Kurse nicht, um ETFs auf einen oder mehrere dieser Börsenindices zu kaufen. Da es in der jüngeren Vergangenheit immer bei Börsencrashs starke Kursverluste nach Zwischenerholungen gegeben hatte (siehe Kapitel „Kursverluste nach Zwischenerholungen bei früheren Börsencrashs"). Um es vorweg zu nehmen. Das war bei der Corona-Rally nicht der Fall.

## Die Monate August und September während der Corona-Rally

Für den DAX waren die Monate August und September im Durchschnitt der letzten 45 Jahre mit Abstand die schlechtesten Monate. Der DAX verlor im Durchschnitt 2,5 % insgesamt in diesen beiden Monaten. Mal sehen, ob diese Regel auch in der Coronakrise galt. Und die Entwicklung der anderen Börsenindices während dieser beiden Monate schauen wir uns gleich mit an.

| Börsenindex | Dax | MDAX | Dow Jones | S&P 500 | Nasdaq 100 | Nikkei 225 |
|---|---|---|---|---|---|---|
| Tagesendkurs 31.7.2020 | 12.313 | 26.191 | 26.428 | 3.271 | 10.905 | 21.897 |
| Tagesendkurs 30.09.2020 | 12.760 | 27.006 | 27.781 | 3.363 | 11.418 | 23.539 |
| Anstieg in % | **3,63** | **3,11** | **5,12** | **2,81** | **4,70** | **7,50** |

*Tabelle 28 Die Monate August und September während der Corona-Rally*

Auch in diesem Zeitraum waren die Kurse aller betrachteten Börsenindices gestiegen.

Die Börsen interessieren sich nicht für die Zahl der Neuinfektionen oder für die Zahl der Corona-Toten. Die Börsen interessiert nur, ob die Geschäfte trotzdem weiterlaufen. Sterben 5 Millionen Arbeitslose am und wegen des Coronavirus und sonst niemand, ist das aus Sicht der Börsen uninteressant. Denn die Geschäfte laufen weiter.

Steigende Infektionszahlen interessieren die Börsenindices also erst, wenn bei börsennotierten Unternehmen Betriebsschließungen drohen. Das ist ganz klar bei der Androhung von landesweiten Lockdowns oder Teil-Lockdowns der Fall. Drohend bedeutet in diesem Zusammenhang nicht nur, dass die Zahl der Neuinfektionen bedrohlich war. Sondern auch, dass man vor den offiziellen Beschlüssen Informationen über die geplanten Lockdowns durchsickern ließ, um zu testen, wie die Medien und die Bevölkerung reagieren. Schließlich war man bei der Umsetzung der Lockdown-Maßnahmen auf die Kooperationsbereitschaft der Bevölkerung angewiesen. So wie man insgesamt bei der Eindämmung der Corona-Pandemie auf die Kooperationsbereitschaft der Bevölkerung angewiesen war.

Wegen explodierender Infektionszahlen ab Anfang Oktober 2020 kündigten viele Länder Lockdowns an und setzten diese auch um. Hier einige Beispiele:

| Land | |
|---|---|
| Irland | 19. Oktober 2020 landesweiter Teillockdown |
| Tschechien | 22. Oktober 2020 landesweiter Teillockdown |
| Wales | 23. Oktober 2020 landesweiter Teillockdown |
| Slowenien | 24. Oktober 2020 landesweiter Teillockdown |
| Italien | 26. Oktober 2020 landesweiter Teillockdown |
| Frankreich | 29. Oktober 2020 landesweiter Teillockdown |
| Deutschland | 2. November 2020 landesweiter Teillockdown |
| Belgien | 2. November 2020 landesweiter Teillockdown |

*Tabelle 29 Teil-Lockdowns Oktober 2020 verschiedene Länder*

Die folgende Tabelle verdeutlicht die Angst der Börsenindices vor Lockdowns.

| 3 Tage hintereinander Kursrückgänge | Dax | MDAX | Dow Jones | S&P 500 | Nasdaq 100 |
|---|---|---|---|---|---|
| 26.10.2020 | -3,71 % | -2,11 % | -2,29 % | -1,86 % | -1,61 % |
| 27.10.2020 | -0,93 % | -3,70 % | -0,80 % | -0,30 % | 0,82 % |
| 28.10.2020 | -4,17 % | -2,71 % | -3,43 % | -3,53 % | -3,93 % |

*Tabelle 30 Dreitägige Kursrückgänge wegen der Angst vor Lockdowns*

Die Kursrückgänge beschränkten sich aber nicht auf diese 3 Tage, wie die folgende Tabelle zeigt.

| Angst vor Lockdowns | Dax | MDAX | Dow Jones | S&P 500 | Nasdaq 100 |
|---|---|---|---|---|---|
| Tagesendstand 12.10.2020 | 13.138 | 28.158 | 28.837 | 3.534 | 12.088 |
| Tagesendstand 30.10.2020 | 11.556 | 25.721 | 26.501 | 3.269 | 11.053 |
| Verlust in % nach 15 Handelstagen | **-12,04** | **-8,65** | **-8,10** | **-7,50** | **-8,56** |

*Tabelle 31 Kursrückgänge im Oktober 2020 wegen Angst vor Lockdowns*

Wie Sie sehen, gingen die weltweit wichtigsten Börsenindices gleichzeitig in die Knie, wenn auch mit unterschiedlichen Abschlägen. Der Nikkei 225 blieb mit minus 2,47 % weitestgehend unbeeindruckt. Der relative geringe Verlust beim Nikkei 225 lässt sich damit erklären, dass Japan – im Gegensatz zu Europa und den USA – seine Infektionszahlen damals im Griff hatte.

Das war die größte Korrektur in der Corona Rally. Es half den deutschen Börsen auch nicht, dass am 30. Oktober 2020 gemeldet wurde, dass das Bruttoinlandsprodukt (BIP) im 3. Quartal 2020 gegenüber dem 2. Quartal 2020 – preis-, saison- und kalenderbereinigt – um 8,2 % gestiegen war. Das war der höchste Anstieg gegenüber einem Vorquartal seit Beginn der Aufzeichnungen. DAX und MDAX zuckten noch nicht mal nach oben.

Da es sich um Teil-Lockdowns handelte, die im Wesentlichen nur zu Schließungen von Geschäften, Läden, Hotels und Gastronomie führten, wurden diese Kursverluste bis zum 11. November durch Kursanstiege ausradiert.

Wahrscheinlich wären die Kurse noch tiefer gefallen, wenn wie im Frühjahr 2020 z. B. die Automobilhersteller und andere Branchen hätten nicht mehr weiter produzieren können. Das wurde damals bei den Ankündigungen der

Lockdowns im Oktober 2020 aber nicht andiskutiert. Daher taucht das Wort Angst in der Kapitelüberschrift auf, da die Angst die Aktienspekulanten zu Verkäufen antrieb.

<u>Kursverluste nach Zwischenerholungen bei früheren Börsencrashs</u>

In meinem Buch „Aktienspekulationen" hatte ich darauf hingewiesen, dass in einem Aktiencrash Zwischenerholungen von 30 % möglich sind.

Aber die nach den Zwischenerholungen eintretenden Kursverluste können noch höher sein.

| Index | Börsencrash | Zwischenerholung | Dauer der Zwischenerholung | Kursverlust nach Zwischenerholung |
|-------|-------------|------------------|----------------------------|-----------------------------------|
| DAX | Dotcom-Blase 2001 | 16,5 % | 9 Wochen | minus 64,9 % |
| DAX | Dotcom-Blase 2001 | 44,2 % | 25,6 Wochen | minus 59,7 % |
| DAX | Dotcom-Blase 2002 | 17,2 % | 2,4 Wochen | minus 43,6 % |
| DAX | Dotcom-Blase 2002 | 30,1 % | 7,7 Wochen | minus 34,8 % |
| DAX | Finanzkrise 2008 | 16,9 % | 9 Wochen | minus 49,3 % |
| DAX | Finanzkrise 2008 | 21,8 % | 6,6 Wochen | minus 27 % |
| DAX | Finanzkrise 2008 | 22,9 % | 1,6 Wochen | minus 30,5 % |
| S&P 500 | Dotcom-Blase 2000 | 19 % | 6,7 Wochen | minus 40,8 % |
| S&P 500 | Dotcom-Blase 2002 | 20,7 % | 4,3 Wochen | minus 19,2 % |
| S&P 500 | Dotcom-Blase 2002 | 24,2 % | 15 Wochen | minus 33,8 % |
| S&P 500 | Finanzkrise 2008 | 18,5 % | 1,1 Wochen | minus 32,7 % |
| S&P 500 | Finanzkrise 2008 | 27,2 % | 6,7 Wochen | minus 27,6 % |

*Tabelle 32 Kursverluste nach Zwischenerholungen bei früheren Aktiencrashs*

Quellen: Bloomberg, LBBW Research

Wie Sie sehen, fanden alle diese markanten Zwischenerholungen in der Frühphase des jeweiligen Aktiencrashs statt. Die meisten Zwischenerholungen dauerten nicht lang. Die Kursabstürze danach, waren für sich betrachtet ein Aktiencrash im Aktiencrash. Selbst wenn man schon von einer Zwischenerholung in einem Aktiencrash profitiert hatte, sollte man noch etwas Pulver trocken halten. Für den Fall, das die Kurse innerhalb eines Aktiencrashs ein weiteres Mal abstürzen. Gibt es keinen weiteren Absturz, verbleibt einem immer noch ein ausreichender Gewinn.

Bei diesen Zwischenerholungen kommt es in der Regel zu einem „pain trade". Man kauft Aktien, um den Kursen nicht noch weiter hinterherrennen zu müssen. Denn eine Zwischenerholung ist als Zwischenerholung in der Regel nicht erkennbar. Es könnte schließlich auch eine nachhaltige Erholung eines Börsenindex vorliegen. Es denn man geht der Einfachheit halber davon aus, dass ein Börsencrash viel zu jung für nachhaltige Kurserholungen ist und dass es bei den meisten Börsencrashs in der Vergangenheit mindestens eine Zwischenerholung mit anschließenden Kursverlusten bei den Börsenindices gegeben hatte.

Doch wo genau liegt der Schaden, wenn man eine Zwischenerholung nicht als Zwischenerholung erkennt? Ein großer Schaden liegt nur dann vor, wenn man die ETFs auf den Börsenindex in Panik verkauft, weil man erkennen musste, dass nur eine Zwischenerholung vorliegt.

Im Grunde genommen ist das aber keine andere Situation, als wenn man in einer Hausse ETFs auf einen Börsenindex kauft und sich dann wegen temporären Kursrückgängen das Depot rot färbt. In diesem Fall spricht man dann von einem Zwischentief und nicht von einer Zwischenerholung.

Sowohl bei einem Zwischentief als auch bei einer beendeten Zwischenerholung wäre es vorteilhaft, wenn Sie nicht voll investiert waren. Sie können dann zu günstigeren Kursen nachkaufen.

Waren Sie voll investiert, führen eine beendete Zwischenerholung als auch ein Zwischentief lediglich dazu, dass es länger dauert bis ein Börsenindex den Kurs erreicht hat, den Sie sich vorgestellt hatten. Ihre Geduld und Nerven werden strapaziert.

Zudem führen weder eine beendete Zwischenerholung noch ein Zwischentief in allen Fällen dazu, dass sich Ihr Depot in der Verlustzone befindet. Es kann schließlich auch der Fall vorliegen, dass sich lediglich Ihre bisherigen Gewinne reduziert hatten.

Da Zwischenerholungen/Zwischentiefs und Pandemien immer wieder vorkommen können, investieren Sie am besten nur den Teil Ihres Geldes, den Sie jahrelang nicht brauchen (siehe auch Kapitel „Die Dauer der Kurserholungen beim DAX bei Aktiencrashs—im Vergleich").

Da es in der jüngeren Vergangenheit immer bei Börsencrashs starke Kursverluste nach Zwischenerholungen gegeben hatte, warteten viele Spekulanten nach der Erholung der Börsenindices auf Kurseinbrüche.

Schon im Mai 2020 glaubten 68 % der befragten Fondsmanager nach einer Umfrage der Bank of America (Bofa), dass man sich in einer Bärenmarktrally befindet und dass daher die Börsen nochmals signifikant sinken werden. Tatsache ist aber, das der größte Rückschlag in der Corona-Rally aus dem Oktober 2020, bei den meisten Börsenindices noch nicht mal zu Kurskorrektur von über 10 % führte. Eine Baisse mit Kursverlusten von 20 oder mehr Prozent gab es während der Corona-Rally bei den Börsenindices nicht.

## Der Crash der SAP-Aktie im Oktober 2020

Am 26. Oktober fiel der Kurs SAP-Aktie um 22,65 % von 125,48 auf 97,06 Euro. Anschließend war SAP rund 31 Mrd. Euro weniger wert. Manche Unternehmen im DAX wie z. B. die Deutsche Bank hatten damals noch nicht mal einen Börsenwert von 30 Milliarden Euro.

Was war passiert?

In Krisen wie der Corona Krise überlegen sich Unternehmen, wo Sie Geld einsparen können. Investitionen in komplexe ERP-System stehen in der Regel auf der Streichliste. Ein ganz normaler Mechanismus. Überraschend war bloß, dass sich das erst im dritten Quartal 2020 niederschlug. Hinzu kam, dass wegen eines fehlenden Impfstoffes in den meisten Branchen der Ausblick ungewiss war.

Ferner wurde von SAP zu diesem Zeitpunkt mitgeteilt, dass wegen großer Investitionen in das Cloud-Computing die operative Marge von SAP bis zum Jahr 2023 um 4 bis 5 % fallen wird.

Ende des Jahres 2020 lag der Kurs der SAP-Aktie bei 107,58 Euro.

## Der November 2020

Hier sehen die Kursgewinne der weltweit wichtigsten Börsenindices im November 2020.

| Tagesendstand | Dax | MDAX | Dow Jones | S&P 500 | Nasdaq 100 | Nikkei 225 |
|---|---|---|---|---|---|---|
| Tagesendstand 30.10.2020 | 11.556 | 25.271 | 26.501 | 3.269 | 11.053 | 22.977 |
| Tagesendstand 30.11.2020 | 13.291 | 29.301 | 29.638 | 3.621 | 12.268 | 26.433 |
| Kursgewinne in % | **15,01** | **15,95** | **11,84** | **10,77** | **10,99** | **15,04** |

*Tabelle 33 Die Entwicklung der Börsenindices im November 2020*

Der Anstieg des DAX im November 2020 mit rund 15 % war stärkste Anstieg des DAX in einem November seit der Einführung des DAX im Jahr 1988.

Was für positive Nachrichten gab es im November 2020?

Am 9. November 2020 wurde von der US-Arzneimittelbehörde FDA für das Medikament Bamlanivimab des Pharma-Herstellers Eli Lilly eine Notzulassung erteilt. Das Medikament greift mit Hilfe eines Antikörpers den Coronavirus gezielt an. So dass erstmal schwere Verläufe verhindert werden können, so dass Infizierte nicht in Kliniken und dort womöglich auf Intensivstationen eingewiesen werden müssen.

Ebenfalls am 9. November 2020 gab es eine Pressemitteilung, dass der Impfstoffkandidat von BioNTech und Pfizer einen Wirksamkeitsgrad von über 90 % hat und die Zulassung dieses Impfstoffes kurzfristig beantragt werden soll.

Die wichtigsten Börsenindices reagierten mit diesen Kurssteigerungen in Prozent.

| Tag | Dax | MDAX | Dow Jones | S&P 500 | Nikkei 225 |
|---|---|---|---|---|---|
| 09.11.2020 | 4,94 | 1,64 | 2,95 | 1,17 | 2,12 |

*Tabelle 34 Impfstoff von BioNTech hat einen Wirksamkeitsgrad von über 90 %*

Angesichts dieser überragend guten Nachricht war die Reaktion der Börsenindices relativ verhalten. Aber sie reichte in einigen Fällen, um den kleinen Kursrutsch vom 12. Oktober 2020 bis zum 30. Oktober 2020 zu egalisieren. Die schwache Reaktion des Nasdaq 100 lässt sich vielleicht damit erklären, dass Tech-Werte wie z. B. Amazon, die stark von der Corona-Pandemie profitiert hatten, unter einer Eindämmung der Corona-Pandemie mittels Impfstoff leiden könnten.

Am 30. November 2020 beantragte Moderna die bedingte Zulassung (Conditional marketing authorisation) bei der Europäischen Arzneimittelagentur Ema seines Impfstoffkandidaten für die EU.

## Die Geschwindigkeit der Zwischenerholungen in der Corona-Rally

Die Zwischenerholungen in der Corona-Rally führten zu zweistelligen, prozentualen Kurssteigerungen der Börsenindices. In einigen Fällen geschah das innerhalb weniger Handelstage. So z. B. am 24. März 2020 und vom 2.April 2020 bis 14. April 2020.

Normalerweise ist das für viele Privatanleger zu schnell, um darauf reagieren zu können. Aber vielleicht verhalf die Quarantäne oder die quarantäneähnliche Situation daheim (Home-Office) einigen Privatanlegern schneller als üblich reagieren zu können? Dafür spricht, dass es einer Onlinebank in der letzten Woche des März 2020 gelungen war, über 10.000 neue Kunden zu gewinnen.

Aber auch bei dem 15 %-Anstieg des DAX und des MDAX im November 2020 musste man sich als Privatanleger sputen.

## Wie sich die Börsenindices ihren alten Höchstkursen näherten

Im Folgenden wird aufgezeigt,

- wann die Börsenindices wieder weniger als 20 % von Ihren Höchstkursen entfernt waren,
- wann die Börsenindices wieder weniger als 10 % von Ihren Höchstkursen entfernt waren,
- wann die Börsenindices wieder ihren Stand vom Ende des Jahres 2019 erreicht hatten,
- wann die Börsenindices wieder ihre Höchststände vom Februar 2020 erreicht hatten bzw. überschritten hatten.

Oder mit anderen Worten: Wie lange hatte es bei der Corona-Rally gedauert, bis diese Kursniveaus erreicht waren? Wie lange mussten die Aktienspekulanten warten? Erfolgreiche Aktienspekulation ist in erster Linie auch eine Frage der Geduld.

# Wann die Börsenindices wieder weniger als 20 % von Ihren Höchstkursen entfernt waren

Angegeben ist der Tag, an dem ein Börsenindex sich nach Erreichen seines Tiefpunktes (um dem 18. März herum) zum ersten Mal im Corona-Crash wieder an den Höchstkurs so angenähert hatte, dass die Differenz zum Höchstkurs weniger als 20 % betrug. Erst ab einen Kursverlust von mehr als 20 % liegt ein Bärenmarkt vor. Steigt der Kurs eines Börsenindex so stark an, dass er weniger als 20 % vom Höchstkurs entfernt ist, liegt zumindest zeitweilig kein Bärenmarkt mehr vor. Verglichen werden hier Tagesendkurse. Alle Daten beziehen sich auf das Jahr 2020.

| | Dax | MDAX | Dow Jones | S&P 500 | Nasdaq 100 | Nikkei 225 |
|---|---|---|---|---|---|---|
| 19.02.2020 Tagesend-stand | 13.789 | 29.355 | 29.348 | 3.386 | 9.719 | 23.401 |
| 80 % vom Tagesend-stand 19.2.2020 | 11.031 | 23.484 | 23.478 | 2.709 | 7.775 | 18.721 |
| mehr als 80 % vom Tagesend-stand 19.2.2020 | 11.107 am 29. April | 23.742 am 7. Mai | 23.719 am 7. April | 2.749 am 8. April | 7.889 am 30. März | 19.389 am 27. März |
| Zeitdauer des Bären-marktes seit dem Tiefpunkt | circa 6 Wochen | circa 6 Wochen | circa 7 Wochen | **circa 3 Wochen** | **circa 2 Wochen** | **circa 10 Tage** |

*Tabelle 35 Börsenindices wieder weniger als 20 % von Ihren Höchstkursen entfernt*

Bei dem Nasdaq 100 war der Bärenmarkt nach seinem Tief bereits nach circa 2 Wochen beendet. Bei dem S&P 500 dauerte das circa 3 Wochen.

## Wann die Börsenindices wieder weniger als 10 % von Ihren Höchstkursen entfernt waren

Angegeben ist der Tag, an dem ein Börsenindex sich zum ersten Mal im Corona-Crash wieder an den Höchstkurs so angenähert hatte, dass die Differenz zum Höchstkurs weniger als 10 % betrug. Erst ab einen Kursverlust von mehr als 10 % liegt eine Börsenkorrektur vor. Steigt der Kurs eines Börsenindex so stark an, dass er weniger als 10 % vom Höchstkurs entfernt ist, liegt zumindest zeitweilig keine Börsenkorrektur mehr vor. Verglichen werden hier Tagesendkurse. Alle Daten beziehen sich auf das Jahre 2020.

| | Dax | MDAX | Dow Jones | S&P 500 | Nasdaq 100 | Nikkei 225 |
|---|---|---|---|---|---|---|
| 19.02.2020 Tagesendstand | 13.789 | 29.355 | 29.348 | 3.386 | 9.719 | 23.401 |
| 90 % vom Tagesendstand 19.2.2020 | 12.410 | 26.420 | 26.413 | 3.048 | 8.747 | 21.061 |
| mehr als 90 % vom Tagesendstand 19.2.2020 | 12.487 am 3. Juni | 26.677 am 3. Juni | 27.111 am 5. Juni | 3.055 am 1. Juni | 8.757 am 6. April | 21.271 am 26. Mai |
| Zeitdauer | circa 3,5 Monate | circa 3,5 Monate | circa 3,5 Monate | circa 3,5 Monate | circa 4 Wochen | circa 9 Wochen |

*Tabelle 36 Börsenindices wieder weniger als 10 % von Ihren Höchstkursen entfernt*

Wie sehen, war bei dem DAX, dem MDAX, dem Dow Jones und dem S&P 500 die Börsenkorrektur fast zeitgleich beendet. Mit 9 Wochen Zeitdauer und mit

4 Wochen Zeitdauer waren allerdings der Nikkei 225 und der Nasdaq 100 deutlich schneller.

Auch relevant für das gute Abschneiden des Nikkei 225 dürfte sein, dass Japan bis zum 26. Mai 2020 nur 16.600 Infizierte mur nur circa 840 Corona-Tote hatte. Das waren mit Abstand die geringsten Werte unter den größten Industrienationen. Daher konnte es sich Japan erlauben, am 25. Mai 2020 den Corona-Notstand für das gesamte Inselreich aufzuheben.

## Wann die Börsenindices in der Corona-Rally den Stand vom Ende des Jahres 2019 übertroffen hatten

Erreicht der Kurs eines Börsenindex wieder den Stand von Ende des Jahres 2019 kann man sagen, dass man zu diesem Zeitpunkt im Jahr 2020 keinen Verlust mit einem ETF auf diesen Börsenindex hatte. wenn man mal von den Gebühren absieht.

Bei einem ETF auf den Dow Jones oder den S&P 500 oder den Nasdaq 100 oder den Nikkei 225 können natürlich noch Fremdwährungsverluste hinzukommen. Aber auch Fremdwährungsgewinne sind denkbar. Siehe Kapitel „Die Kursbewegungen des US-Dollars im Corona-Crash und während der Corona-Rally".

Verglichen werden hier Tagesendkurse. Alle Daten beziehen sich auf das Jahr 2020.

| | Dax | MDAX | Dow Jones | S&P 500 | Nasdaq 100 | Nikkei 225 |
|---|---|---|---|---|---|---|
| Endstand Jahr 2019 | 13.249 | 28.313 | 28.538 | 3.231 | 8.733 | 23.657 |
| Den Stand von Ende 2019 übertroffen | 13.444 am 2. 9 | 28.408 am 11.11 | 28.653 am 28.8 | 3.232 am 8.6 | 8.757 am 16.4 | 23.695 am 4.11 |
| Zeitdauer | 9 Monate | fast 11,5 Monate | fast 9 Monate | circa 6 Monate | circa 4,5 Monate | circa 11 Monate |

*Tabelle 37 Börsenindices haben den Stand vom Ende des Jahres 2019 übertroffen*

Hinzuweisen ist an dieser Stelle auf die Technologielastigkeit von Dow Jones, S&P 500 und Nasdaq 100. So lag z. B. vor dem Aktiensplit von Apple (1:4) am 31.8.2020 der Anteil der Technologie-Aktien beim Dow Jones und beim S&P 500 bei ungefähr 28 %. Nach diesem Aktiensplit betrug dieser Anteil noch rund 24 %.

Anfang August 2020 stand fest, dass von den 500 S&P-Aktien 490 Aktionen seit dem Corona-Crash im Kurs nur wenige hundert Milliarden Dollar USD zulegten, während hingegen die zehn größten Technologieaktien ihren Wert um Billionen USD seit dem Corona-Crash steigerten.

DAX und Dow Jones kletterten im September/August 2020 auf den Stand vom Ende des Jahres 2019. Vorher schon erreichten der S&P 500 und der Nasdaq 100 neue Allzeithochs. Damit waren diese Börsenindices auf einem Niveau, als ob den Coronavirus nie gegeben hätte. Angeblich schauen die Aktienbörsen 6 bis 9 Monate in die Zukunft.

Ferner ist bemerkenswert, dass Dividendenkürzungen, Dividendenstreichungen, das Aussetzen von Dividenden und fehlende Aktienrückkäufe, diesen (Zwischen)Erholungen nicht im Weg standen.

Siehe auch die Kapitel „Dividendenzahlungen in Zeiten der Corona Krise" und „Aktienrückkäufe in Zeiten der Corona Krise".

## Wann die Börsenindices neue Allzeithochs erreicht hatten

In der folgenden Tabelle sehen Sie, wann die Börsenindices ihre Höchststände vom Februar 2020 überschritten hatten.

Verglichen werden hier Tagesendkurse. Alle Daten beziehen sich auf das Jahr 2020.

| | Dax | MDAX | Dow Jones | S&P 500 | Nasdaq 100 | Nikkei 225 |
|---|---|---|---|---|---|---|
| 19.02.20 altes Allzeit-hoch | 13.789 | 29.355 | 29.348 | 3.386 | 9.719 | 23.575* |
| neues Allzeit-hoch | 13.790 am 28.12 | 29.374 am 27.11 | 29.420 am 10.11 | 3.389 am 18.8 | 9.824 am 4.7 | 23.671 am 19.10. |
| Zeitdauer | etwas mehr als 10 Monate | etwas mehr als 9 Monate | fast 9 Monate | fast 6 Mona-te | circa 3,5 Mona-te | 7 Monate |

*Tabelle 38 Wann die neuen Börsenindices neue Allzeithochs erreichten*

Wie Sie sehen, erreichten 5 dieser 6 Börsenindices ein neues Allzeithoch, bevor es einen Impfstoff gegen den Coronavirus gab. Denn der erste Impfstoff, der von BioNTech, wurde erst am 2. Dezember 2020 in

Großbritannien zugelassen. Die Zulassung für die USA und für die EU erfolgte noch später.

*23.575 Punkte waren das Allzeithoch Punkte beim Nikkei 225 am 7. Januar 2020. Am 19. Februar 2020 hatte der Nikkei 2125 nur einen Stand von 23.401 Punkten. Wegen eines besseren Vergleiches wurde auch beim Nikkei 225 der Zeitraum vom 19. Februar 2020 gewählt und nicht der Zeitraum ab dem 7. Januar 2020. Dass der Nikkei 225 vor dem DAX und dem MDAX seinen bisherigen Höchststand übertraf, hängt sicher auch damit zusammen, dass Japan damals die Corona-Pandemie viel besser im Griff hatte als Europa.

Der S&P 500 stieg im August 2020 um rund 7 %. Das war der höchste Kursanstieg des S&P 500 in einem August seit 36 Jahren.

Ferner erreichte der S&P 500 erreichte am 18. August 2020, mitten in der Berichtssaison für das zweite Quartal 2020, einen neuen absoluten Höchststand. Das war aus den folgenden Gründen überraschend.

Denn bei meisten Unternehmen waren die Ergebnisse für das zweite Quartal 2020 noch schlechter als für das erste Quartal 2020.

Ferner waren die Gewinne der 500 Unternehmen des S&P 500 im zweiten Quartal 2020 im Durchschnitt rund ein Drittel niedriger als im zweiten Quartal 2019.

Warum erreichte der S&P 500 unter so widrigen Umständen ein neues Allzeithoch? 80 % der US-Unternehmen hatten im zweiten Quartal 2020 mehr verdient als von den Analysten erwartet. Das hört sich gut an. Aber in Wahrheit waren die Gewinne der US-Unternehmen, soweit es welche gab, im zweiten Quartal 2020 rund ein Drittel niedriger als im zweiten Quartal 2019. So gesehen, hätte das neue Allzeithoch des S&P 500 schon im Jahr 2019 erreicht werden müssen.

Da es wegen der niedrigen Zinsen kaum Anlagealternativen gab, wusste das brachliegende Geld nicht, wohin es fließen soll.

Außer an die US-Börsen. In der englischen Sprache nannte man das TINA. There is no alternative. Das war der kürzeste Bärenmarkt des S&P 500 seit 1929.

Das brachliegende Geld schwappte aber nicht in voller Breite auf den S&P 500. Denn für den Anstieg des S&P 500 seit dem 18. März 2020 waren zu 28 % nur 5 Unternehmen verantwortlich: Alphabet (Google), Amazon, Apple, Facebook und Microsoft. Oder anders ausgedrückt: Die Aktien dieser 5 Unternehmen führten dazu, dass der S&P 500 Anfang September 2020 im Vergleich zum Jahresanfang rund 8 % im Plus lag. Die restlichen 495 Unternehmen im S&P 500 hatten im Durchschnitt ein Minus von 7 % zu verzeichnen.

In den vergangenen 10 Jahren waren diese 5 Unternehmen für mehr als 31 % der Kursgewinne des S&P 500 verantwortlich. Der Anteil von Apple, Amazon, Microsoft, Facebook und Google Mutterkonzern Alphabet (Google) am S&P 500 betrug im August 2020 rund 25 %.

Microsoft, Tesla, Apple, Amazon, Alphabet (Google), Facebook waren im Juli 2020 genauso viel wert wie die anderen 94 Unternehmen des Nasdaq 100. Siehe aber Kapitel „Die FAANG-Aktien plus Tesla in der Corona-Rally".

# Die Kursbewegungen des US-Dollars im Corona-Crash und während der Corona-Rally

Die Kursbewegungen des US-Dollars im Corona-Crash und während der Corona-Rally sind schnell erklärt.

Anfang März 2020 vor dem Corona-Crash bewegte sich der USD in einer Spanne zwischen 1,10 und 1,14.

Nach dem Corona-Crash so um den 18, März 2020 herum, lag der Kurs des USD bis Ende Mai meistens unter 1,10. Nur in diesem kurzen Zeitraum war der USD eine Flucht- bzw. eine Krisenwährung. Obwohl auch damals schon die USA weltweit in absoluten Zahlen die meisten Corona-Infizierten und die meisten Corona-Toten meldeten.

Am 19. März 2020 war der Kurs des Dollars spontan auf 1,06 gestiegen. Das bedeutet, dass man für einen Euro nur 1,06 Dollar erhielt.

Aber schon am 5. August 2020 lag dagegen der Kurs des Dollars bei 1,18. Jetzt erhielt man für einen Euro sogar 1,18 USD. Der Euro war jetzt also mehr wert bzw. der Wert des US-Dollars war zwischenzeitlich gesunken. Dass man 1,18 US-Dollar auf den Tisch legen musste, um einen Euro kaufen zu können, das gab es zuletzt im Mai 2018.

Rechnet man 1,06/1,18 gelangt man zu dem Ergebnis, dass der US-Dollar rund 10 % an Wert verloren hatte.

Dafür wurden folgende Gründe genannt:

- Die USA bekamen im Vergleich zu Europa die Corona-Pandemie nicht in den Griff.
- Die Zinsdifferenz zwischen den USA und der Eurozone hatte sich fast aufgelöst. Anfang des Jahres 2020 lagen die Leitzinsen in den USA bei 1,5 bis 1,7 %. Die Europäische Zentral hatte den Einlagezins auf minus 0,5 % festgesetzt und währen der Coronakrise nicht verändert. Bereits am 16.3.2020 senkte die US-Notenbank (FED) den Leitzins fast auf null.
- Die EU konnte sich am 21.07.2020 auf ein Hilfspaket in Höhe von 1, 8 Billionen Euro einigen und erwies sich damit in der Coronakrise als

handlungsfähig. Während hingegen in den USA sich Republikaner und Demokraten sich Ende Juli 2020 sich nicht auf ein Hilfspaket einigen konnten. Die Demokraten wollten rund 2 Billionen USD zur Verfügungen stellen, die Republikaner dagegen nur 1 Billion USD. Um das Hilfspaket der Republikaner durchzusetzen, versuchte Trump bestehende Mittel umzuwidmen und damit das Budgetrecht des Kongresses zu umgehen.

- Im September 2020 verkündete die FED, dass sie grundsätzlich bereit ist, eine höhere Inflation als 2 % zu akzeptieren.
- Trump gab zu erkennen, dass er eventuell eine Wahlniederlage im November 2020 nicht anerkennen würde. Schwacher Präsident, schwache Währung

Was bedeutet dieser Kursverlust des US-Dollars für einen Käufer einer US-amerikanischen Aktie oder eines ETFs auf einen US-amerikanischen Börsenindex wie z. B. den Nasdaq 100?

Hatte es sich gelohnt, auf einen US-amerikanischen Börsenindex einen ETF in USD zu kaufen?

Schauen wir uns 2 verschiedene Zeiträume und Zeitpunkte an.

Wie bereits erwähnt, lag der Kurs des Dollars bei 1,18 am 5. August 2020

Man kauft 10.000 Aktien eines Unternehmens zu je einem US-Dollar. Jetzt hat man 10.000 USD investiert. Bei einem Kurs von 1,06 benötigte man circa 9.434 Euro, um 10.000 USD kaufen zu können. Umtauschgebühren und Gebühren für den Kauf der Aktien lasse ich weg.

Der Wert der Aktien steigt um 10 % auf 11.0000 USD. Der Wert des Dollars ist aber in diesem Zeitraum um 10 % gesunken. Für 11.000 USD erhält man daher nur 9.334 Euro. Obwohl der Kurs der Aktie um 10 % gestiegen ist, ergibt sich ein Verlust von rund 100 Euro. Dabei sind die angefallenen Gebühren noch nicht mal berücksichtigt.

| Tagesendstand | Dax | MDAX | Dow Jones | S&P 500 | Nasdaq 100 |
|---|---|---|---|---|---|
| 18. März 2020 | 8.441 | 17.909 | 19.898 | 2.398 | 7.175 |
| z. B. 7.August 2020 | 12.674 | 27.142 | 27.433 | 3.351 | 11.139 |
| Anstieg in % | **50,15** | **51,56** | **37,87** | **39,74** | **55,25** |

*Tabelle 39 Anstieg der Börsenindices vom 18. März bis zum 7.August 2020*

Bei diesem Beispiel hätte es sich allenfalls gelohnt für den Kauf eines ETFs auf den Nasdaq 100 einen 10-prozentigen Kursverlust des USD in Kauf zu nehmen.

Der US-Dollar blieb übrigens längere Zeit bei einem Kurs von ungefähr 1,18. Am 5. November 20201 lag der Kurs des USD bei circa 1,183 und damit auf dem tiefsten Stand seit März 2018.

Aber auch ein Kurs von 1,20 EUR/USD ist kein Grund zur Panik. Denn nach einer Analyse der US-Bank Brown Brothers Harriman (BBH) aus dem Jahr 2020 war dies der Durchschnittskurs seit der Einführung des Euros.

Am 30. Dezember 2020 war der US-Dollar im Laufe des Tages noch weniger wert. Der Kurs lag nur noch bei 1,231. Der Euro und das britische Pfund stiegen im Kurs, weil es Ende des Jahres 2020 gelang, einen kleinen Brexit-Deal zu vereinbaren.

Rechnet man 1,06/1,231 gelangt man zu dem Ergebnis, dass der US-Dollar rund 13,9 % an Wert verloren hatte.

| Börsenindex | Dax | MDAX | Dow Jones | S&P 500 | Nasdaq 100 | Nikkei 225 |
|---|---|---|---|---|---|---|
| Tiefpunkt Corona-Crash | 8.441 | 17.909 | 18.591 | 2.237 | 6.994 | 16.552 |
| Tagesendstand 30.12.2020 | 13.718 | 30.796 | 30.409 | 3.732 | 12.845 | 27.444 |
| Anstieg in % | **62,52** | **71,96** | **63,57** | **66,83** | **91,89** | **65,80** |

*Tabelle 40 Anstieg der Börsenindices von ihrem Tiefpunkt bis zum 31.10.2020*

Entsprechend diesem Beispiel hätte es sich bestenfalls nur für den Kauf eines ETFs auf den Nasdaq 100 gelohnt, einen Kursverlust des USD in Höhe von 13,0 % in Kauf zu nehmen.

Auch die Stockpicker hatten das Problem, dass der US-Dollar in der Corona Krise immer schwächer wurde, wenn Sie einzelner Aktien in USD gekauft hatten. Der US-Dollar verlor einfach zu schnell seine Funktion als Krisenwährung in der Corona Krise.

Es mag Konstellationen zwischen März 2020 und Ende Dezember 2020 gegeben haben, in denen der Währungsverlust des USD durch Kursgewinne überkompensiert worden ist. Dennoch bleibt richtig, dass der USD in der Corona Krise nur für eine kurze Zeit die Funktion einer Krisenwährung hatte. Warum soll das bei der nächsten Pandemie oder bei der nächsten virusfreien Weltwirtschaftskrise anders sein?

Mit zunehmender wirtschaftlicher, militärischer und politischer Bedeutung von China wird der USD wahrscheinlich noch seltener Krisenwährung sein. Die meisten, die im Corona-Crash auf den USD als Krisenwährung gesetzt hatten, wurden enttäuscht.

## Die Entwicklung des Goldpreises im Corona-Crash und während der Corona-Rally

Da der US-Dollar weitestgehend nicht als Fluchtwährung benutzt wurde, werfe ich einen Blick auf die Entwicklung des Goldpreises im Corona Crash und während der Corona-Rally.

Am 19. März 2020 lag das Tief beim Gold bei 1.467 USD pro Feinunze. (31,1 Gramm). Das bisherige Rekordhoch beim Gold lag am 6. September 2011 bei rund 1.921 USD.

Das bisherige Rekordhoch von rund 1.921 USD wurde bereits in der Corona Krise am 27. Juli 2020 mit 1.940 USD übertroffen. Auch in Euro erreichte der Goldpreis an diesem Tag ein Allzeithoch mit 1655 EUR.

Den höchsten Wert in der Corona Krise erreichte Gold am 6 August 2020 mit einen neuen Allzeithoch von 2.063 USD pro Feinunze.

Seit dem Tief im März 2020 war also der Goldpreis bis zum 6. August 2020 um circa 40 % gestiegen. Der Goldpreis war also binnen 4,5 Monaten um 40 % geklettert.

Wie die folgende Tabelle zeigt, war damit der Goldpreis mit seinem Anstieg von 40 % in diesem Zeitraum stärker gestiegen als der Dow Jones und der Nikkei 225. Kein schlechtes Ergebnis für diesen Zeitpunkt.

| Börsenindex | Dax | MDAX | Dow Jones | S&P 500 | Nasdaq 100 | Nikkei 225 |
|---|---|---|---|---|---|---|
| Tagesend- stand 18.3.2020 | 8.441 | 17.909 | 19.898 | 2.398 | 7.175 | 17.626 |
| Tagesend- stand 6.8.2020 | 12.591 | 26.803 | 27.387 | 3.349 | 11.267 | 22.418 |
| Anstieg in % | **49,16** | **49,66** | **37,64** | **39,66** | **57,03** | **27,19** |

*Tabelle 41 Anstieg der Börsenindices vom 18. März bis zum 6.August 2020*

Dennoch hatte sich ein Investment in Gold auch zu diesem Zeitpunkt nicht gelohnt. Die Kursentwicklung von DAX und MDAX waren eindeutig besser.

Zudem reagierte der Goldpreis auf gute Nachrichten von der Impfstofffront allergisch, wie die folgende Tabelle zeigt.

| Impfstoffentwickler | Wirksamkeit des Impfstoffes bekanntgegeben am | Rückgang Goldpreis an diesem Tag |
|---|---|---|
| BioNTech/Pfizer | 9. November 2020 | minus 3,31 % |
| Moderna | 16. November 2020 | minus 0,47 % |
| AstraZeneca | 23. November 2020 | minus 1,74 % |

*Tabelle 42 Reaktion des Goldpreises auf Impfstoff-Nachrichten*

Die guten Nachrichten von der Impfstofffront ließen den Goldpreis als Angstbarometer sinken. Denn machte sich Zuversicht breit, dass in absehbarer Zeit diese 3 Impfstoffkandidaten als Impfstoff zugelassen werden und man anschließend mit den Impfungen beginnen könnte.

Aber auch ohne die guten Nachrichten von der Impfstofffront hatte sich er Goldpreis von seinem Allzeithoch vom 6. August 2020 entfernt. Denn er lag am 25. November 2020 bei 1.807 USD. Damit sank der Goldpreis von seinem Allzeithoch von 2.063 USD um 12,5 %. Dadurch verringerte sich der Anstieg des Goldpreises seit dem 19. März 2002 auf circa 23,17 %.

Während die weltweit wichtigsten Börsenindices auch nach dem 6. August 2020 noch weiter angestiegen waren. Hier am Beispiel des 25. Novembers 2020.

| Börsenindex | Dax | MDAX | Dow Jones | S&P 500 | Nasdaq 100 | Nikkei 225 |
|---|---|---|---|---|---|---|
| Tagesendstand 18.3.2020 | 8.441 | 17.909 | 19.898 | 2.398 | 7.175 | 17.626 |
| Tagesendstand 25.11.2020 | 13.289 | 29.029 | 29.872 | 3.629 | 12.152 | 26.296 |
| Anstieg in % | **57,43** | **62,09** | **50,13** | **51,33** | **69,37** | **49,19** |

*Tabelle 43 Anstieg der Börsenindices vom 18. März bis zum 25.November 2020*

Das war also nur ein kurzer Goldrausch. Nur für einige Monate war der Goldpreis der Gewinner im Vergleich zu den weltweit wichtigsten Börsenindices.

Ende des Jahres 2020 lag der Goldpreis bei 1.897 USD. Damit lag der Goldpries wieder unter seinem alten Rekordhoch vom 6. September 2011 bei rund 1.921 USD. Während hingegen die Kurse der weltweit wichtigsten Börsenindices vom 6. August 2020 bis zum Ende des Jahres 2020 noch weiter kletterten.

|  | Dax | MDAX | Dow Jones | S&P 500 | Nasdaq 100 | Nikkei 225 |
|---|---|---|---|---|---|---|
| Tagesendstand 6.8.2020 | 12.591 | 26.803 | 27.387 | 3.349 | 11.267 | 22.418 |
| Jahresende 2020 | 13.718 | 30.796 | 30.409 | 3.732 | 12.845 | 27.444 |

*Tabelle 44 Anstieg der Börsenindices vom 6. August bis zum Jahresende 2020*

Hinzu kamen bei einem Kauf des Goldes in USD noch die Kursverluste des USD (siehe Kapitel „Die Kursbewegungen des US-Dollars im Corona-Crash und in der Coronakrise").

Dennoch bleibt festzuhalten, das Gold im Corona-Crash und in der Coronakrise sich eher als „Fluchtwährung" eignete als der US-Dollar.

## Die Kursgewinne der Börsenindices am Ende der Corona-Rally

Wann hatte die Corona-Rally den Corona-Crash beendet? Nach den Tiefpunkten um den 18. März 2020 herum, könnte der Corona-Crash zu diesem Zeitpunkt als beendet erklärt werden. Da es danach für die Börsenindices keine tieferen Kurse mehr gab. Letztendlich ist aber ein Börsencrash/Aktiencrash erst beendet, wenn die Kurse vor dem Beginn des Börsencrashs/ Aktiencrashs erreicht werden. Erst dann sind die mathematisch angefallenen Kursverluste beseitigt. Daher hat aus dieser Sicht erst die Corona-Rally den Corona-Crash beendet.

Von den in diesem Buch beobachteten Börsenindices picke ich den DAX heraus. Da der DAX von diesen Börsenindices am längsten brauchte, bis er ein neues Allzeithoch erreichte (siehe Kapitel „Wann die Börsenindices neue Allzeithochs erreicht hatten").

Dies war am 28. Dezember 2020 mit 13.790 Punkten der Fall. Da der 28. Dezember 2020 so kurz vor dem Jahresende liegt, beziehe ich noch in die Analyse die beiden Handelstage 29./30. Dezember 2020 mit ein, da viele Spekulanten auch wegen steuerlicher Gründe auf das Jahresende abstellen. Dass an den US-Börsen auch noch am 31.12.2020 gehandelt worden war, berücksichtige ich nicht.

| Börsenindex | Dax | MDAX | Dow Jones | S&P 500 | Nasdaq 100 | Nikkei 225 |
|---|---|---|---|---|---|---|
| Tiefpunkt Corona- Crash | 8.441 | 17.909 | 18.591 | 2.237 | 6.994 | 16.552 |
| Tagesendstand 30.12.2020 | 13.718 | 30.796 | 30.409 | 3.732 | 12.845 | 27.444 |
| Anstieg in % | **62,52** | **71,96** | **63,57** | **66,83** | **91,89** | **65,80** |

*Tabelle 45 Die Kursgewinne der Börsenindices am Ende der Corona-Rally*

Die Tiefpunkte des Corona-Crashs waren um den 18. März 2020 herum.

Wie Sie sehen, war der lahme DAX, der Börsenindex, der ohne Berücksichtigung von Währungsschwankungen, am schlechtesten abgeschnitten hatte. Wenn auch nur knapp.

Die Kursgewinne der Börsenindices müssen der Vergleichsmaßstab sein für die Kursgewinne einzelner Aktien.

# Für Stockpicker – Kursentwicklungen einzelner Aktien während der Corona-Rally

Wem ein ETF auf einen Börsenindex nicht prickelnd genug ist, kauft lieber einzelne Aktien. Dass dadurch im Regelfall höhere Kosten entstehen, ist an dieser Stelle von sekundärer Bedeutung. Denn wegen der geringeren Risikostreuung lohnte sich der Kauf einzelner Aktien daher erst, wenn deren Kurssteigerungen über 62,52 % im gleichen Zeitraum waren. Denn das Mindeste ist, dass der Kursanstieg einer Aktie über dem Kursanstieg des DAX, mit seiner Risikostreuung über 30 Aktien, lag. Einige Unternehmensnamen sind die mit einem * versehen. Die Aktien dieser Unternehmen sind in meinem Buch „Der Corona Crash" in dem Kapitel „Unternehmen mit steigenden Aktienkursen im Corona Crash" als mögliche Teilnehmer der Corona-Rally erwähnt worden.

## Aktien mit einem Kursanstieg von über 100 Prozent in der Corona-Rally

Eben wegen der fehlenden Risikostreuung und unter Berücksichtigung der Tatsache, dass der Nasdaq 100 in USD um 91,89 % gestiegen war, werden in diesem Kapitel nur Aktien berücksichtigt, deren Kurs zwischen dem 18. März 2020 und dem 30. Dezember 2020 um über 100 % gestiegen war. Wie Sie gleich sehen werden, gibt es trotz dieser Restriktion keinen Mangel an Aktien, deren Kurs in diesem Zeitraum um über 100 % gestiegen war. Einen Anspruch auf Vollständigkeit erhebe ich nicht.

Obwohl schwierig, habe ich versucht, diese Unternehmen zu gruppieren, anstatt diese einfach in einer Liste aneinander zu reihen.

Die im Folgenden erwähnten Aktien kann man nicht pauschal als Corona-Gewinner bezeichnen.

Beispiel:

Es ist nicht ersichtlich, dass der Kurs der Aktie von Tesla wegen des Coronavirus so stark gestiegen ist. Eher ist anzunehmen, dass Tesla ohne den Coronavirus noch mehr Autos verkauft hätte. Dann wäre der Kurs der Aktie von Tesla noch stärker gestiegen.

Soweit die Unternehmen keine spezifischen Corona-Produkte oder keine spezifischen Corona-Dienstleistungen anbieten, kann man sogar darauf hoffen, dass deren Kurse auch noch nach dem Ende der Corona-Pandemie stärker als die Kurse der Börsenindices steigen. Siehe Kapitel „Trends nach der Corona-Rally".

Auf Details zu den Unternehmen, deren Aktienkurse so stark gestiegen sind, gehe ich nicht ein. Wer Aktien eines Unternehmens kauft,

- sollte vorher die wichtigsten Produkte dieses Unternehmens kennen,
- sollte wissen, wie das Unternehmen in seinem Markt positioniert ist,
- und sollte das Geschäftsmodell des Unternehmens verstanden haben
- und in Erfahrung bringen, ob dieses Unternehmen überhaupt Gewinne erwirtschaftet.

Das sind die Mindestanforderungen. Alles andere wäre wie ein Blind Date.

Wo möglich, wird auf Stellen hinter dem Komma verzichtet.

## Chipproduzenten, Halbleiterindustrie

| | AMD | Nividia | Infineon | NXP Semiconductors |
|---|---|---|---|---|
| Börse | Frankfurt | Frankfurt | Frankfurt | Frankfurt |
| 18.3.20 Tagesend-stand | 34,73 | 177 | 10,42 | 55,63 |
| 30.12.20 Tagesend-stand | 73,98 | 423 | 31,54 | 126,76 |
| Kursgewinne in % | **113,01** | **138,98** | **202,69** | **127,86** |

*Tabelle 46 Chipproduzenten, Halbleiterindustrie mit einem Kursanstieg von über 100 %*

## Zahlungsdienstleister

| | Square | StoneCo | Worldline | Adyen | Paypal |
|---|---|---|---|---|---|
| Börse | Frankfurt | Frankfurt | Frankfurt | Frankfurt | Frankfurt |
| 18.3.20 Tagesend-stand | 33 | 19 | 38,9 | 670 | 81 |
| 30.12.20 Tagesend-stand | 175 | 67 | 79,5 | 1.932 | 189 |
| Kursgewinne in % | **430,30** | **252,63** | **104,37** | **188,36** | **133,33** |

*Tabelle 47 Zahlungsdienstleister mit einem Kursanstieg von über 100 %*

## Haustieraktien

| | Freshpet | Truepanion |
|---|---|---|
| Börse | Frankfurt | Frankfurt |
| 18.3.20 - Tagesendstand | 45 | 23 |
| 30.12.20 - Tagesendstand | 114 | 96 |
| Kursgewinne in % | **153,33** | **317,39** |
| | Haustierernährung | Haustier-Versicherer |

*Tabelle 48 Haustieraktien mit einem Kursanstieg von über 100 %*

## Onlinehändler

| | Overstock | Shopify A |
|---|---|---|
| Börse | Frankfurt | Frankfurt |
| 18.3.20 - Tagesendstand | 2,27 | 285 |
| 30.12.20 - Tagesendstand | 42,2 | 960 |
| Kursgewinne in % | **1.759,03** | **236,84** |
| | Möbel | Erstellung Online-Shops |

*Tabelle 49 Onlinehändler mit einem Kursanstieg von über 100 %*

## Onlinelieferdienste

| | HelloFresh | Delivery Hero | Zalando | Shop Apotheke* |
|---|---|---|---|---|
| Börse | Frankfurt | Frankfurt | Frankfurt | Frankfurt |
| 18.3.20 - Tagesendstand | 23,1 | 58,7 | 30 | 47 |
| 30.12.20 - Tagesendstand | 63,5 | 127,2 | 91 | 148 |
| Kursgewinne in % | **174,89** | **116,70** | **203,33** | **214,89** |

*Tabelle 50 Onlinelieferdienste mit einem Kursanstieg von über 100 %*

## IT-Unternehmen (weit definiert)

| | Bechtle | Zoom* | Palo Alto Networks | Pinterest | SEA |
|---|---|---|---|---|---|
| Börse | Frank-furt | Frankfurt | Frankfurt | NYSE | Frankfurt |
| 18.3.20 – Tagesend-stand | 82,7 | 105 | 118 | 11 | 36,4 |
| 30.12.20 Tagesend-stand | 180 | 291 | 288 | 67,3 | 155,5 |
| Kursgewinne in % | **117,65** | **177,14** | **144,07** | **511,82** | **327,20** |
| | IT-Dienst-leister | Videokon-ferenzen | Cloud Security | Social Media | Onlines-piele |

*Tabelle 51 IT-Unternehmen mit einem Kursanstieg von über 100 %*

Diagnostik Unternehmen/Medizintechnik/Biotechnologie

| | Hologic | GenMark Diagnostics* | Sartorius* | Vaxart |
|---|---|---|---|---|
| Börse | Frankfurt | Frankfurt | Frankfurt | Frankfurt |
| 18.3.20 – Tagesend-stand | 27,4 | 3,78 | 161 | 2,1 |
| 30.12.20 – Tagesend-stand | 58 | 11,6 | 339 | 4,88 |
| Kursgewinne in % | **111,68** | **206,88** | **110,56** | **132,38** |
| | Medizin-technik | Diagnostik-Unternehmen | Labor-zulieferer | Bio-technologie |

*Tabelle 52 Gesundheitsunternehmen mit einem Kursanstieg von über 100 %*

Viele dieser Unternehmen mit einem Kursanstieg von über 100 % in der Corona-Rally könnten bei der nächsten Pandemie wieder die Gewinner sein. Falls sie bis dahin noch existieren.

Die Entwicklung der Aktienkurse der Impfstoffhersteller in der Corona-Rally

Im Frühjahr 2020 wurde das Umsatzpotential eines Impfstoffes gegen den Coronavirus auf 6,5 bis 12 Milliarden USD geschätzt. Dagegen schätzten die Experten von Bernstein Research Ende August 2020 das Umsatzpotential für eine erste Impfwelle auf 20 Milliarden USD. Evercore ISI Research rechnete über die erste Impfwelle hinaus mit einem Gesamtumsatz von 100 Milliarden USD für einen Corona-Impfstoff. Dabei war zu beachten, dass es wohl mehreren Unternehmen gelingen wird, einen Impfstoff zu entwickeln und zu vertreiben. Es war daher nicht davon auszugehen, dass ein einzelnes Unternehmen den gesamten Umsatz und damit den gesamten Gewinn alleine einsackt.

Ende August 2020 lag der Gesamtwert der bisherigen Vorbestellungen für einen Corona-Impfstoff schon bei 20 Milliarden USD.

Vor dem Coronavirus lag übrigens der weltweite Jahresumsatz für Impfstoffe bei 35 Milliarden USD.

Wie Sie gleich sehen werden, hatten trotzdem nur 2 Impfstoffhersteller im Zeitraum vom 18. März 2020 bis zum 30. Dezember 2020 die 100 %-Hürde übersprungen. Das ist auch deswegen bemerkenswert, weil der Impfstoff von BioNTech/Pfizer in Großbritannien schon am 2. Dezember 2020 und in den USA schon am 11. Dezember 2020 zugelassen worden war.

Die Entwicklung der Aktienkurse der Coronavirus-Impfstoffhersteller in der Corona-Rally

| | Novavax | Moderna * | BioNTech ADRS | CureVac | AstraZeneca |
|---|---|---|---|---|---|
| Börse | Frankfurt | Frankfurt | Frankfurt | Frankfurt | Frankfurt |
| 18.3.20 - Tagesendstand | 9 | 29,4 | 85,48 | 40,58 | 72,58 |
| 30.12.20 - Tagesendstand | 97 | 96 | 72,6 | 73,32 | 83,05 |
| Kursgewinne in % | **977,78** | **226,53** | - | **80,68** | **14,43** |

*Tabelle 53 Die Aktien von Impfstoffherstellern in der Corona-Rally*

Der Aktienkurs von Johnson & Johnson stieg in diesem Zeitraum nur um 4,67 %. Der Impfstoff von Johnson & Johnson wurde für die EU erst am 11. März 2021 zugelassen (siehe folgende Tabelle). Dabei ist zu beachten, dass Impfstoffhersteller nicht nur Impfstoffhersteller sein müssen. So hat z. B. Johnson & Johnson drei große Geschäftsfelder: Konsum. Medizintechnologie und Medikamente.

| Impfstoffhersteller | zugelassen für GB | Zugelassen für die USA | Zugelassen für die EU |
|---|---|---|---|
| BioNTech | 2. Dezember 2020 | 11. Dezember 2020 | 21. Dezember 2020 |
| Moderna | 8. Januar 2021 | 18. Dezember 2020 | 6. Januar 2021 |
| AstraZeneca | 30. Dezember 2020 | - | 29. Januar 2021 |
| Johnson & Johnson | - | 27. Februar 2012 | 11. März 2021 |

*Tabelle 54 Zulassungen von Corona-Impfstoffen*

<u>Die Entwicklung der Aktienkurse der vier größten Impfstoffhersteller in der Corona-Rally</u>

An dieser 100 %-Hürde waren übrigens die 4 größten Impfstoffhersteller, Sanofi, GlaxoSmithKline, Pfizer und Merck & Co. grandios gescheitert. Siehe die folgende Tabelle.

| | Sanofi | GlaxoSmithKline | Pfizer | Merck & Co. |
|---|---|---|---|---|
| Börse | Frankfurt | Frankfurt | Frankfurt | Frankfurt |
| 18.3.20 - Tagesendstand | 76 | 15,9 | 24,9 | 66 |
| 30.12.20 - Tagesendstand | 79,25 | 15,3 | 30,24 | 66,2 |
| Kursgewinne in % | **4,28** | - | **21,45** | **0,30** |

*Tabelle 55 Die Aktien der 4 größten Impfstoffherstellern in der Corona-Rally*

Bitte verwechseln Sie nicht das US-amerikanische Unternehmen Merck & Co mit dem deutschen Unternehmen Merck KGaA.

<u>Sind Auffrischimpfungen bei den Corona-Impfstoffen notwendig?</u>

Sind alle nichtinfizierten und alle nichtimmunisierten Menschen geimpft, oder wird weltweit eine Herdenimmunität erreicht, wird der Impfstoff bis zur nächsten Auffrischimpfung nicht mehr gebraucht.

Daher hängen die Aktienkurse der Impfstoffentwickler auch davon ab, ob und wie oft Auffrischimpfungen bei den Corona-Impfungen notwendig sind. Grundsätzlich lässt sich das nicht voraussehen, da der Coronavirus noch nicht mal 2 Jahre alt ist. Zudem ist unklar, welche Mutanten der Coronavirus hervorbringt und ob die bereits entwickelten Impfstoffe vor diesen Mutanten schützen.

Die folgende Tabelle zeigt exemplarisch, wie oft Auffrischimpfungen bei anderen Krankheiten notwendig sind.

| Auffrischimpfung gegen | Zeitraum Auffrischimpfung |
|---|---|
| Cholera | nach 2 Jahren |
| Tollwut | später alle 5 Jahre |
| Tetanus | alle 10 Jahre |
| Diphtherie | alle 10 Jahre |
| Hepatitis A | frühestens nach 10 Jahren |
| Masern | einmalige Impfung in der Kindheit ist ausreichend |

*Tabelle 56 Wie lange Impfungen bei verschiedenen Krankheiten wirken*

Großbritannien plante bereits im März 2021 für den September 2021 eine Auffrischimpfung, um die Corona-Pandemie weiterhin zu bekämpfen.

## Die FAANG-Aktien plus Tesla in der Corona-Rally

Die Aktienkurse von Facebook, Apple, Amazon, Netflix und Google (Alphabet A) und Tesla sollte man immer im Blick haben.

Während der S&P 500 im 10-Jahres-Vergleich um 202 % gestiegen ist, sind Alphabet, Facebook, Apple, Amazon und Netflix im gleichen Zeitraum um 537 %, 631 %, 978 %, 1.700 % bzw. 1.780 % gestiegen. Es ist dabei zu beachten, dass Facebook erst seit 2012 öffentlich gehandelt wird.

| | Facebook | Apple | Amazon | Netflix | Alphabet A (Ex Google) | Tesla |
|---|---|---|---|---|---|---|
| Börse | Frankfurt | Frankfurt | Frank-furt | Frank-furt | Frank-furt | Frank-furt |
| 18.3.20 Tagesend-stand | 126,56 | 55,5 | 1.665 | 281,2 | 988 | 66 |
| 30.12.20 Tagesend-stand | 225,8 | 110,36 | 2.718 | 432,7 | 1.436 | 547 |
| Kursgewinne in % | **78,41** | **98,85** | **63,24** | **53,88** | **45,34** | **728,79** |

*Tabelle 57 Die FAANG-Aktien plus Tesla in der Corona-Rally*

Wie Sie sehen, überwand keine der an sich hochgelobten FAANG-Aktien die Hürde von 100 % Kursanstieg. Dafür schaffte es die Tesla-Aktie locker über diese Hürde.

Mitte Dezember 2020 hatte Tesla eine Marktkapitalisierung von rund 570 Milliarden USD. Das war zweieinhalb Mal so viel wie die Marktkapitalisierung von VW, BMW und Daimler zusammen.

Obwohl Tesla nur deswegen Gewinne auswies, weil Tesla an andere Autobauer z. B. an Fiat-Chrysler (FCA) Emissionszertifikate verkaufte, damit diese keine Strafzahlungen wegen zu hoher Emissionswerte leisten müssen. Im ersten Quartal 2020 betrugen diese Erlöse etwa 354 Millionen USD und im zweiten Quartal 2020 waren es 428 Millionen USD. Diese Einnahmequelle wird Tesla auf Dauer nicht in dieser Höhe zur Verfügung stehen, weil die anderen Autobauer jetzt auch Elektroautos bauen.

# Welche Aktien man bei der nächsten Pandemie meiden sollte

Bei der nächsten Pandemie würde ich sofort Aktien von Reisekonzernen, Autovermietern und von Fluggesellschaften verkaufen. Einen Grund an diesen Aktien festzuhalten, kann ich nicht erkennen.

Das Argument, dass ein langfristig denkender Investor an diesen Aktien festhalten würde, zieht nicht. Denn beim langfristig denkenden Investor ist das Denken inbegriffen.

Ohne geimpft zu sein, verbringe ich lieber meine Freizeit in einem neuen Auto und in einer Ferienwohnung als in einem Flugzeug oder in einem Hotel. Da in meinem neuen Auto und in einer Ferienwohnung die Ansteckungsgefahr viel geringer ist. Zudem kann ich mir in meinem neuen Auto und in der Ferienwohnung die Mitreisenden aus meinem Verwandten- und Bekanntenkreis aussuchen.

Aktien von Banken sind riskant, da bei einer Pandemie mit größeren Kreditausfällen und Insolvenzen wegen der Shutdowns gerechnet werden muss.

Aktien von Versicherungsunternehmen, die Veranstaltungen versichern, sind wegen der Kontaktbeschränkungen unattraktiv. Ob bei der nächsten Pandemie Betriebsunterbrechungsversicherungen wegen der Lockdowns zu größeren Schadensersatzleistungen der Versicherungsunternehmen führen, hängt von deren zukünftiger vertraglicher Gestaltung ab. Eine Versicherung, die einen staatlichen angeordneten Lockdown nicht als eine Betriebsunterbrechung ansieht, ist für den Versicherungsnehmer unattraktiv.

# Trends nach der Corona-Rally

In den ersten Monaten des Jahres 2021 wurde viel darüber geschrieben, dass jetzt zyklische Aktien und Branchen (z. B. Auto, Chemie und Maschinenbau) an einer Rally nach der Corona-Rally teilnehmen werden. Damit verbunden, wurde ein Verkauf von Technologie- und Wachstumsaktien empfohlen. Rotation wurde das genannt. Da schon im März 2021 Stimmen laut wurde, dass es für eine Rotation bereits zu spät sei, wird nur der Zeitraum vom 4. Januar 2021 bis zum 31. März 2021 betrachtet.

## Rotierten die Börsenindices?

Schauen wir uns mal als Erstes an, ob bei den Börsenindices rotiert wurde.

| Börsenindex | Dax | MDAX | Dow Jones | S&P 500 | Nasdaq 100 | Nikkei 225 |
|---|---|---|---|---|---|---|
| Tagesendstand 30.12.2020 | 13.718 | 30.796 | 30.409 | 3.732 | 12.845 | 27.444 |
| Tagesendstand 31.3.2021 | 15.008 | 31.717 | 32.981 | 3.975 | 13.091 | 29.178 |
| Kursveränderungen in % | 9,4 | 2,99 | 8,46 | 6,51 | 1,92 | 6,32 |

*Tabelle 58 Die Entwicklung der Börsenindices nach der Corona-Rally*

Der DAX mit seinen Aktien von „alten Industrien" (Autos, Chemie) entwickelte sich im ersten Quartal 2021 klar besser als der MDAX. Man wird sehen, ob am Ende des Jahres 2021 der MDAX doch wieder den DAX übertrumpft. Zudem sind rund 3 % Kurszuwachs beim MDAX in 3 Monaten doch zufriedenstellend? Denn auf das Jahr hochgerechnet wären das immer 12 % Kursgewinn beim MDAX.

Auffällig ist auch der Kursgewinn des Dow Jones im Vergleich zum Nasdaq 100. Wie bereits erwähnt liegt der Anteil der Technologie-Aktien beim Dow Jones und beim S&P 500 lag ungefähr bei 24 %. Während hingegen der Anteil der Technologieaktien am Nasdaq 100 mehr als doppelt so groß ist.

Der Kursgewinn des DAX in Prozent gegenüber dem MDAX ist grob vergleichbar mit dem Kursvorsprung des Dow Jones in Prozent gegenüber dem Nasdaq 100.

Im Nikkei 225 stammen die Schwergewichte aus dem Bereich der Industrieunternehmen. Unternehmen aus den Bereichen Informationstechnik und Telekommunikation spielen wegen ihrer geringen Gewichtung nur eine untergeordnete Rolle im Nikkei 225. Auch der Nikkei 225 schnitt bezogen auf das erste Quartal 2021 gut ab. Auf das Jahr hochgerechnet wären das über 24 %.

Aufgrund dieser Fakten lasse ich mich zu der Aussage hinreißen, dass im ersten Quartal 2021 die deutschen und die US-amerikanischen Börsenindices rotierten.

## Was geschah mit den Siegern der Corona—Rally nach der Corona—Rally?

Damit sind die Aktien gemeint, die einen Kursanstieg von über 100 Prozent in der Corona-Rally hatten (siehe oben). Auch wenn Aktienkurse nicht linear steigen, nehme ich doch als Gradmesser, ob die Aktienkurse der nachfolgenden Unternehmen in den ersten 3 Monaten des Jahres 2021 um mindestens 25 % gestiegen sind. Auf das Jahr 2021 hochgerechnet, wäre das wie im Jahr 2020 ein Kursanstieg von mehr als 100 %.

Kursrückgänge innerhalb der ersten 3 Monate des Jahres 2021 gab es bei den folgenden Gewinnern der Corona-Rally:

AMD, Adyen, StoneCo, Worldline, Truepanion, HelloFresh, Delivery Hero; Zalando, Bechtle, Zoom, Palo Alto Networks, Vaxart

12 Gewinner der Corona-Rally hatten also im ersten Quartal 2021 Kursrückgänge zu verzeichnen. Das bedeutet, dass 48 % der Gewinner der Corona-Rally beim Dauerlauf nicht nur die Puste ausgegangen war, sondern diese sogar rückwärts gelaufen waren. Ein ETF auf den DAX oder den Dow Jones wäre gewinnbringender gewesen (siehe oben).

Nur 4 der Gewinner der Corona-Rally schafften die 25 % Hürde im ersten Quartal des Jahres 2021.

| | Shop Apotheke* | Overstock | GenMark Diagnostics* | NXP Semi-conductors |
|---|---|---|---|---|
| Börse | Frankfurt | Frankfurt | Frankfurt | Frankfurt |
| 30.12.20 - Tagesendstand | 148 | 42,2 | 11,6 | 126,76 |
| Tagesendstand 31.3.2021 | 185 | 56,11 | 20,4 | 170,86 |
| Kursveränderungen in % | **25** | **32,96** | **75,86** | **34,79** |
| Branche | Online-lieferdienst | Online-Möbelhändler | Diagnostik-Unternehmen | Labor-zulieferer |

*Tabelle 59 Die verbleibenden Sieger der Corona-Rally*

* Die Aktien dieser Unternehmen sind in meinem Buch „Der Corona Crash" in dem Kapitel „Unternehmen mit steigenden Aktienkursen im Corona Crash" als mögliche Teilnehmer der Corona-Rally erwähnt worden.

Das sind rund 15 % der Gewinner der Corona-Rally (siehe oben), die einen stabilen Aufwärtstrend hatten. Da war es in der Tat angebracht gewesen, sich Anfang des Jahres 2021 darüber Gedanken zu machen, an welchen der

Gewinner der Corona-Rally man festhalten möchte. Und ob man stattdessen lieber einen Börsenindex-ETF kauft.

Natürlich kann man an dieser Stelle noch andere Aktien nennen, die im ersten Quartal 2021 Kurssteigerungen von mindestens 25 % hatten. Z. B. die VW Vorzüge mit Kursplus von 79,7 % oder Daimler mit einem Kursplus von 30,4 %,

Auch die Aktien der Erdölproduzenten könnten wegen des gestiegenen Ölpreises interessant sein. Oder die Aktien von Unternehmen, die sich auf die Produktion und dem Verkauf von Schnelltests spezialisiert hatten. Aber irgendwo muss man halt abgrenzen.

# Sind die FAANG-Aktien und Tesla ein Rotationsopfer?

| | Facebook | Apple | Amazon | Netflix | Alphabet A (Ex Google) | Tesla |
|---|---|---|---|---|---|---|
| Börse | Frankfurt | Frank-furt | Frank-furt | Frank-furt | Frank-furt | Frank-furt |
| 30.12.20 Tagesendstand | 225,8 | 110,36 | 2.718 | 432,7 | 1.436 | 547 |
| Tagesendstand 31.3.2021 | 251 | 104,88 | 2.651 | 446,25 | 1.775 | 564 |
| Kursveränderungen in % | **11,16** | **-4,97** | **-2,47** | **3.13** | **23,61** | **3,11** |

*Tabelle 60 Die FAANG-Aktien und Tesla nach der Corona-Rally*

Wie sie sehen, waren die FAANG-Aktien und Tesla teilweise ein Rotationsopfer. Die 25 % Hürde schaffte keine der Aktien in den ersten 3 Monaten des Jahres 2021. Wenn man mal von Facebook und Alphabet A (Ex Google) absieht, wäre man mit einem ETF auf den DAX oder den Dow Jones besser gefahren.

## Sind die Aktien der Corona-Impfstoffherstellernach der Corona-Rally die Gewinner?

| | Nova-vax | Mod-erna* | BioN-Tech ADRS | CureVac | Astra-Zeneca | John-son & J. |
|---|---|---|---|---|---|---|
| Börse | Frank-furt | Frankfurt | Frank-furt | Frank-furt | Frank-furt | Frank-furt |
| 30.12.20 - Tagesendstand | 97 | 96 | 72,6 | 73,32 | 83,05 | 126,4 |
| Tagesendstand 31.3.2021 | 153 | 110 | 91,5 | 77,18 | 85,89 | 140,3 |
| Kursveränderungen in % | **57,73** | **14,58** | **26,03** | **5,26** | **3,42** | **11** |

*Tabelle 61 Aktien der Impfstoffhersteller nach der Corona-Rally*

Der Kauf von Aktien von Impfstoffherstellern ist also kein Selbstläufer, obwohl bei diesen Unternehmen mit steigenden Produktions- und Verkaufszahlen zu rechnen ist.

Die Aktienkurse der 4 größten Impfstoffhersteller, Sanofi, GlaxoSmithKline, Pfizer und Merck & Co. dümpelten auch in den ersten 3 Monaten des Jahres 2021 so vor sich hin, dass es sich nicht lohnt hier an dieser Stelle eine Tabelle zu zeigen. Selbst die Aktie von Pfizer hatte keine erwähnenswerte Kursentwicklung. Obwohl Pfizer Vertriebspartner von BioNTech ist.

# Schlusswort Corona-Crash und Corona Rally

Auch bei der nächsten Pandemie wird ein weltweiter Börsencrash/Aktiencrash unvermeidbar sein. Aus diesem Buch können Sie ersehen – abgeleitet von anderen Aktiencrashs – wie tief die Kurse der Börsenindices mindestens fallen werden.

Obwohl man sich aus heutiger Sicht nicht über den Corona-Crash beschweren kann. Der maximale, prozentuale Verlust der Börsenindices war bei anderen Aktiencrashs größer als beim Corona-Crash. Die Tiefstkurse um den 18. März 2020 herum wurden – zu meiner Überraschung – nicht mehr annäherungsweise erreicht. Einen Double Dip gab es bei den Kursen der weltweiten Börsenindices nicht. Nach den Tiefpunkten des Corona-Crashs war dauernd die Bereitschaft der Aktienkäufer zu erkennen, die Aktienkurse wieder nach oben zu treiben. Eine allgemeine Mutlosigkeit an den Börsen gab es nicht. Das begünstigte die Corona Rally.

Mehr kann man unter diesen Umständen als Aktienanleger nicht erwarten.

Die Verlierer des Corona-Crashs waren diejenigen, die zu spät auf fallende Kurse der wichtigsten Börsenindices gewettet hatten. Denn der Corona-Crash dauerte nur circa 1 Monat. Das war das Zeitfenster sehr klein, um Gewinne mit Wetten auf fallende Kurse der wichtigsten Börsenindices mitzunehmen. Auch diejenigen, die gegen Ende des Corona Crashs ihre ETFs auf die wichtigsten Börsenindices verkauft hatten, gehörten zu den Verlierern. Da die Kurse der wichtigsten Börsenindices danach schnell wieder in der Corona-Rally anstiegen.

Wer lieber einzelne Aktien statt ETFs auf Börsenindices kaufte, konnte auch von der Corona-Rally profitieren. Im Buch werden über 20 Aktien erwähnt, deren Kurse während der Corona-Rally um über 100 % gestiegen waren. Die Kurse von einigen dieser Aktien werden auch noch nach der Corona-Rally überdurchschnittlich ansteigen. Hinzu können noch Aktien, die sich auf die Produktion von Schnelltests und Selbsttests spezialisiert hatten, dazu kommen. Oder weitere Impfstoffhersteller.

Die nächste Pandemie kommt bestimmt. Soweit die hier im Buch aufgelisteten Unternehmen dann noch existieren, werden viele von denen, verheißungsvolle Kandidaten für die nächste Pandemie-Rally sein.

## Programme für Aktien und andere Wertpapiere

Programme für Aktien und andere Wertpapiere werden hier vorgestellt.

- http://www.itdoor.lu/software-fuer-aktien/

Mit über 280 Screenshots werden hier 3 kostenlose und 8 kostenpflichtige Programme vorgestellt.

## Literaturempfehlungen

**Der Corona Crash:** Dokumentation und Analyse - Worauf man achten sollte. Mit über 20 Tabellen.

**Aktienspekulationen**: Unsicherheiten in den Griff bekommen Ein Buch auch für Kleinanleger. Mit über 80 Beispielen und über 30 Tabellen.

**Jeder kann ein E-Book erstellen.** Jeder kann ohne Programmierkenntnisse mit Jutoh ein E-Book erstellen. Mit über 550 Abbildungen und praktischen Beispielen.

**Automatisiert Fehler im Text entdecken.** Automatisiert Fehler im Text entdecken und korrigieren. Mit praktischen Beispielen und über 90 Abbildungen.

# Haftungsausschlüsse

Da es sich hier um keine Dissertation handelt, wurde weitestgehend auf Quellenangaben verzichtet.

Soweit das Buch Links zu Webseiten Dritter enthält, wird für deren Inhalt keine rechtliche Verantwortung übernommen. Diese liegt allein bei den Anbietern, bzw. den Betreibern der betreffenden Seiten. Hiermit distanziere ich mich ausdrücklich von eventuell rechtswidrigen Inhalten aller verlinkten Seiten und übernehme hierfür auch keinerlei Gewähr.

Für die fortlaufende Richtigkeit, Vollständigkeit, Aktualität, Qualität sowie die ständige Verfügbarkeit der Links zu den genannten Webseiten wird keinerlei Gewähr übernommen.

Für Preisangaben und andere Konditionen wird keine Haftung übernommen. Diese Informationen können jederzeit geändert werden.

Für die Qualität der Bilder bzw. Abbildungen im Buch wird auch keine Haftung übernommen. In der dem Buch zu Grunde liegenden PDF-Datei sahen die Bilder in Ordnung aus.

Für Angaben über Aktienkurse, Kurse von Börsenindices, Statistiken etc. wird keine Haftung übernommen. Soweit sich das Buch auf Studien/Untersuchungen bezieht, wird für deren Richtigkeit und Vollständigkeit keine Haftung übernommen. Da Rechenfehler und Tippfehler schon mal vorkommen können, wird für die vielen Zahlen in diesem Buch keine Haftung übernommen.

Falls Anlageentscheidungen auf Grund dieses Buches getroffen werden, ist für den Erfolg oder Misserfolg dieser Anlageentscheidungen die Anlegerin oder der Anleger alleine verantwortlich. Folgerichtig gibt es in diesem Buch auch keine konkreten Empfehlungen (ISIN-Nummer) für eine bestimmte Aktie oder einen bestimmten ETF oder ein bestimmtes Indexzertifikat.

Die It-Door GmbH übernimmt keine Gewähr für die Aktualität, Korrektheit, Vollständigkeit oder Qualität der bereitgestellten Informationen. Haftungsansprüche gegen die It-Door GmbH, welche sich auf Schäden materieller oder ideeller Art beziehen, die durch die Nutzung oder Nichtnutzung der dargebotenen Informationen bzw. durch die Nutzung fehlerhafter und unvollständiger Informationen verursacht wurden, sind grundsätzlich ausgeschlossen.

Impressum, Copyright und Verlag

Bibliografische Information der Deutschen Nationalbibliothek:

Die Deutsche Nationalbibliothek verzeichnet diese Publikation in der Deutschen Nationalbibliografie; detaillierte bibliografische Daten sind im Internet über http://dnb.dnb.de abrufbar.

© 1. Auflage 2021 It-Door GmbH, Peter-Scholzen-Str. 15A, 54296 Trier

Webpage: http://www.itdoor.lu/

Herstellung und Verlag: BoD – Books on Demand, Norderstedt

ISBN: 9783753462875

Dies kann auch der Fall sein, wenn für diese keine besondere Kennzeichnung vorliegt.

Falls Urheberrechtsverletzungen von der It-Door GmbH vorliegen sollten, sind diese nicht gewollt, denn die It-Door GmbH ist stets darum bemüht, die Urheberrechte anderer zu beachten.

FSC

www.fsc.org

MIX

Papier aus ver-
antwortungsvollen
Quellen
Paper from
responsible sources

FSC® C105338